AF453790

HISTOIRE

DES

PAPETERIES A LA CUVE

D'ARCHES ET D'ARCHETTES

(1492-1911)

HISTOIRE

DES

PAPETERIES A LA CUVE

D'ARCHES ET D'ARCHETTES

(1492-1911)

PAR

HENRI ONFROY

(Une partie de cette étude a été publiée dans les Mémoires
et Documents du Musée Social.)

TROISIÈME ÉDITION

REVUE ET COMPLÉTÉE PAR LA PUBLICATION DE DOCUMENTS INÉDITS

ÉVREUX

IMPRIMERIE CHARLES HÉRISSEY

PAUL HÉRISSEY, SUCC^r

4, RUE DE LA BANQUE, 4

1912

A ETIENNE PERRIGOT

———

C'est pour toi, fils et petit-fils de Maîtres Papetiers, que cette histoire est écrite.

Tu la liras plus tard.

Elle t'apprendra ce que quatre siècles de labeur ont fait pour toi, dernier rejeton d'une lignée de travailleurs. Tu y trouveras un noble exemple d'énergie; tu y verras ce que peut l'effort de braves gens, qui ont aimé leur pays et leur maison, auxquels ils ont donné toute leur intelligence et leur vie. Tes ancêtres se glorifiaient d'être des papelliers habiles et probes. De trois petits moulins, ils ont fait l'usine d'aujourd'hui, ruche active dont le mouvement étonne tes jeunes yeux, dont le bruit rythmé berce ton sommeil.

Ces prairies que tu vois autour de toi en dépendent. Songe que chaque génération qui t'a précédé a acquis ce domaine, morceau par morceau, parfois au prix de lourds sacrifices. Beaucoup des tiens ont connu des jours mauvais, en ce pays si souvent foulé par l'étranger. Mais c'étaient de vaillants lutteurs. Le père transmettait à son fils un héritage agrandi et il mourait heureux de savoir son œuvre continuée.

C'est à toi maintenant de perpétuer la tradition, à toi de continuer l'œuvre si opiniâtrement poursuivie et d'ajouter un chapitre à l'histoire de ta famille. La tâche te sera aisée, puisque tu trouveras ta maison plus prospère que jamais. Peut-être pourras-tu apporter encore quelque progrès à ton industrie, car le progrès est le secret du succès. J'ai confiance en toi, qui joins à la ténacité Lorraine la finesse Normande...

Petit Papellier, je salue en toi l'antique maison d'Arches et sa gloire rajeunie.

H. O.

LISTE DES PROPRIÉTAIRES DE 1492 A 1911

Marc, 1492.

Allexys, 1500.

Loys Bonnet, 1507.

Bastien Demangeon, 1547.

Jean Saunier, 1552.

Gérard Cellier, 1560.

Simon de Moyeulle, 1580.

Nicolas Misson, 1590.

Jean Le Clerc, 1596.

Nicolas Vaultrin, 1643.

Jacques Vanesson, 1698.

Etienne Vanesson et Jean Jacquel, 1734.

Claude Vanesson, 1746.

Gérard, 1756.

Cupers, 1760.

Caron de Beaumarchais, 1784.

Claude et Léopold Desgranges, 1788.

Denis Couad, 1790-1833.

Veuve Couad, 1833-1839.

Auguste Morel, 1839-1879 (*Petit-fils de Denis Couad*).

Morel, Bercioux, Masure, 1879-1887 (*Petit-fils et petits-neveux de Denis Couad*).

Albert Masure et J. Perrigot, 1887-1894 (*Petit-neveu et arrière-petit-neveu de Denis Couad*).

J. Perrigot-Masure, 1894 (*Arrière-petit-neveu de Denis Couad*).

AVANT-PROPOS

POUR LA TROISIÈME ÉDITION

L'histoire des papeteries d'Arches et d'Archettes avait été primitivement écrite pour le *Musée social*. Puis le texte a été refondu et augmenté pour former un tirage destiné à tous ceux qui s'intéressent au passé de notre industrie nationale. De nouveaux documents et l'accueil sympathique qu'on a bien voulu faire à cet essai nous ont encouragé à préparer une *Troisième Édition* de cette étude. Son sujet est modeste ; son étendue restreinte, car nous n'avons voulu y rapporter que des faits précis et contrôlés, qui n'ont besoin d'aucun commentaire. C'est l'histoire de trois moulins à papier, qui, côte à côte, au fond de la Lorraine, depuis plus de quatre siècles, ont mêlé le bruit de leurs roues à celui des flots de la Moselle, qui se heurtent et se cabrent sur les rocs de grès, dont son lit et ses bords sont hérissés.

L'eau joue le rôle essentiel dans la fabrication du papier à la cuve. De sa limpidité, de sa nature chimique dépendent la qualité et la couleur de la pâte. Or, les rivières qui prennent leur source aux flancs des Vosges et des Faucilles, sont toutes, ou presque toutes, particulièrement favorables à notre industrie, ce qui explique la richesse papetière de la Lorraine et de la Franche-Comté. Pourtant, deux cours d'eau très voisins, et dont la pureté semble égale, peuvent avoir des différences considérables de composition et donner des papiers absolument dissemblables.

Le ruisseau de Raon-aux-Bois, le *Rupt-de-Raon* ou de *Raron*, comme disent les anciens textes, qui descend d'un plateau des Faucilles, entre Plombières et Remiremont, est exceptionnellement propre à former des *pâtes franches* et à donner aux papiers une blancheur parfaite. C'est lui qui a fait la fortune d'Arches et d'Archettes.

Au cours de notre étude, nous avons indiqué les différentes hypothèses sur le lieu et l'époque de la plus ancienne fabrication du papier en France. Le problème n'a pas encore reçu de solution certaine. A de plus érudits que nous de le résoudre. Toujours est-il que nos moulins tournaient déjà au xve siècle, puisque la première mention que nous en avons trouvée remonte à 1492. Ils existaient avant, mais leur origine se perd dans le moyen âge. Peut-être ont-ils été créés ou rebâtis après l'incendie du château et de la ville, en 1475, quand Charles le Téméraire dévasta la Lorraine. Archettes, séparé d'Arches par la Moselle, n'était d'ailleurs qu'une sorte de hameau. Malgré les guerres, dont la Lorraine a été le lamentable théâtre, malgré les calamités de toutes sortes, qui ont désolé le pays, ils n'ont jamais interrompu leur labeur régulier et fécond. Au xviie siècle, ils fabriquaient déjà des papiers de luxe, aux filigranes compliqués et charmants. Ils ont eu la gloire d'appartenir, pendant neuf ans, à Beaumarchais, un des esprits les plus actifs et les plus aventureux du xviiie siècle. Ils ont fabriqué les papiers admirables, par la qualité et uniques par la taille, sur lesquels furent imprimées les planches du gigantesque ouvrage de la *Description de l'Égypte*. Enfin, ils ont trouvé de nos jours, avec un développement nouveau, une renommée qu'ils n'avaient jamais atteinte, surtout par la fabrication des billets de banque, des papiers pour les impressions de luxe, des papiers à aquarelle, qui ont détrôné les papiers anglais.

Aussi la manufacture tient à ses traditions et sa noble antiquité oblige.

Nous avouons que nous avons hésité, avant de mettre sous les yeux du public le fruit de nos recherches, car il était malaisé de retrouver des renseignements sur l'histoire d'Arches et d'Archettes à travers plus de quatre siècles? Mais nous avions la série des contrats translatifs de propriété, depuis le milieu du xvie siècle, jusqu'aujourd'hui. Ils sont conservés pieusement dans les archives privées de la maison. Cependant ils ne suffisaient point. Ils n'étaient que le fil qui guide dans le labyrinthe. Nous avons dû consulter les archives publiques, celles du département des Vosges, les Archives nationales, celles du Musée Carnavalet et de l'Imprimerie nationale, de nombreuses monographies, les traités spéciaux.

Beaucoup de documents ont jeté quelque lumière sur la physionomie de nos trois moulins. Mais nous sentons toutes les imperfections de notre travail, qui a du moins le mérite d'être sincère. D'ailleurs, nous pensons que pour présenter un réel intérêt, une monographie industrielle ou historique doit chercher quelques-uns de ses éléments autre part que dans l'établissement même auquel elle est consacrée.

L'histoire des anciennes papeteries des Vosges, qui reste fragmentaire, nous a été précieuse ; elle a suppléé aux lacunes que nous rencontrions çà et là ; elle a précisé bien des points.

Nous pouvons nous représenter maintenant, avec quelque netteté, l'aspect des trois moulins, leur vie intérieure, leur activité journalière. Chacun d'eux avait une ou plusieurs cuves, selon les besoins de la fabrication ou la prospérité du moment.

Comme dans tout moulin à papier, la pâte qui les alimentait subissait de nombreuses préparations avant de remplir la cuve maintenue à une température constante, grâce à un petit foyer appelé *pistollet*. Le chiffon lavé et trié était mis en morceaux dans le *dérompoir* par des femmes, les *dérompeuses*: puis on le soumettait à la fermentation dans le *pourrissoir*. De là, il était mis dans la chambre des piles, pour être battu et réduit en bouillie par les maillets. Lorsque la pâte était suffisamment préparée, elle était portée à la cuve, où la fabrication proprement dite commençait. Trois ouvriers formaient l'équipe d'une cuve : l'*ouvreur* ou *puiseur*, qui plonge la forme dans la pâte, le *coucheur* qui renverse la forme, chargée de la feuille molle, et l'applique sur le feutre; et le *leveur*, qui détache les feuilles du feutre et en forme des paquets ou *porses*, après qu'elles ont été mises à la presse pour en exprimer toute l'humidité. Alors des femmes, sous la direction du *sallerant* : la *releveuse*, l'*étendeuse de sans colle* ou *de collé*, l'*éplucheuse*, la *reviseuse* et la *satineuse*, selon la nature du papier, lui font subir une série de préparations.

Pour les papiers collés, c'est un ouvrier qui procède au collage, en plongeant la feuille dans un bain de gélatine. Des gamins font les mêmes besognes et remplacent souvent les femmes.

Tout ce monde vivait paisiblement à Arches et à Archettes, formant des groupes de travailleurs, disséminés dans les diverses *salles* des maisons basses, blotties au bord du Rupt-de-Raon. Les moulins d'Archettes étaient sur la rive droite de la Moselle, « à un quart de lieüe » de celui d'Arches, près de la route d'Épinal à Remiremont, un peu à l'écart de la ville fortifiée, que dominait son château, couronnant une éminence. Le bourg s'est développé le long de la route, sur la bande de terre qui sépare la Moselle des anciennes murailles, dont il ne subsiste que de rares vestiges. Et cependant la citadelle fut fameuse dans l'histoire de la Lorraine, depuis Thierry d'Alsace et surtout depuis le moment où ses ducs ajoutèrent à leurs titres celui de *Prince de la souveraineté d'Arches*. La ville a perdu le souvenir de ses fastes; mais le site n'a pas changé. Les monts, les bois, les habitations sont ce qu'ils étaient autrefois. Ce sont les mêmes escarpements rocheux, les mêmes ondulations, les mêmes prés, les mêmes *meix*, que les maîtres papetiers n'ont cessé d'incorporer à leur domaine, les mêmes frondaisons, qui épousent les contours du sol, la même eau qui reflète le même ciel, en faisant le même murmure. Car les Vosges ont une physionomie trop personnelle pour que le temps en modifie le caractère. Si la ville féodale a disparu, un bourg prospère en a pris la place. Quelques usines ont élevé leurs murs de briques, là où des prairies, inondées jadis par la Moselle, déroulaient leur verte opulence jusqu'à ses bords.

Mais le *genius loci* n'a pas déserté la vallée; la vieille âme vosgienne y demeure [1].

---

[1]. Nous tenons à adresser un remerciement à ceux qui nous ont aidé dans notre tâche, surtout à M. Chevreux, archiviste du département des Vosges, dont les conseils nous ont été si utiles; à M. Gerbaux, archiviste aux Archives nationales; à M. Le Cherpy qui nous a obligeamment ouvert les archives de l'Imprimerie nationale; à M. Maurice Tourneux. Nous remercions aussi les historiens de l'industrie papetière : M. Augustin Blanchet, M. Louis Morin, de Troyes. M. Louis Duval, M. Germain Martin, M. Paul Ducourtieux, de Limoges.

LES PAPETERIES A LA CUVE

D'ARCHES ET D'ARCHETTES

PREMIÈRE PARTIE

HISTOIRE DES TROIS MOULINS DE 1492 A 1911

CHAPITRE PREMIER

I

Les origines historiques (1492), jusqu'à Beaumarchais (1779).

Il est peu d'établissements industriels en France, dont on puisse retrouver les traces aux siècles passés. Les centres de fabrication se sont souvent déplacés, lorsque l'industrie a utilisé la vapeur [1], trouvé des conditions d'exploitation préférables, dans des régions mieux desservies par les chemins de fer, et mieux situées pour se procurer la matière première ou le combustible.

Pour les mêmes raisons, les industries sont rares qui ont

1. Dans une lettre de 1811, adressée au Ministre de l'Intérieur, lui demandant d'acheter ses papiers pour les services de l'administration, Mathieu Ange Vanderyrer, papetier à Gand, expose que sa papeterie est la seule de l'Empire « mue par une machine à vapeur, connue sous le nom de pompe à feu, et que MM. Perrier ont appliquée aux arts mécaniques. Cette usine, dont le feu est l'agent, est la seule de cette nature qui soit dans l'Empire. 300.000 francs ont à peine suffi à sa construction ». Le pétitionnaire ajoute que sa machine fonctionne depuis plusieurs années et qu'elle consomme de 14 à 15.000 francs de « charbon fossile ». *Archives nationales*, F¹² 95.139.

conservé, de nos jours, les systèmes de fabrication employés il y a cent ans. Il est encore plus difficile de découvrir une usine qui existait déjà, fabriquant les mêmes produits, avec des machines semblables, il y a plus de quatre siècles.

Les procédés de fabrication du papier à la cuve, composé exclusivement de chiffons, sont demeurés sensiblement les mêmes qu'à l'époque de son introduction en France. Si on a trouvé des moyens plus expéditifs que ceux usités au xiv⁰ siècle, les perfectionnements n'ont porté que sur les opérations accessoires et non sur les opérations essentielles de la fabrication. On est frappé de la complication de cette industrie qui, autrefois comme à présent, exigeait de nombreux soins, une grande expérience et une extraordinaire habileté de main, surtout pour les pâtes fines. Les vieux auteurs parlent sans cesse de « l'art de faire le papier » ; le terme n'a rien d'excessif.

C'est le papier de chiffons qui a servi à tirer les belles gravures, depuis le xvi⁰ siècle, les admirables ouvrages de typographie, qui sont une des gloires de la Renaissance. Aujourd'hui encore, les travaux typographiques les plus riches, ceux qui pourront le mieux résister au temps, sont imprimés sur du papier de chiffons. Dans cette branche industrielle, le xix⁰ siècle n'a fait que bien peu de progrès. Nous pouvons lire aisément encore les textes du xv⁰ siècle, sur le papier à la cuve. Combien, parmi les livres ou les périodiques imprimés de nos jours, seront lisibles pour nos arrière-petits-fils ?

C'est une bonne fortune de trouver une fabrique, mue par l'eau, dont les roues tournaient déjà sous Charles VIII et dont nous pouvons suivre la trace de ses possesseurs successifs, jusqu'au xx⁰ siècle ! Mais l'industrie a subi trop de vicissitudes, au cours des siècles, pour que l'histoire, continue et sans lacunes, d'une telle maison fût possible. Pour la reconstituer, on est forcé d'étudier la vie des établissements similaires de la région. D'ailleurs, les moulins à papier se ressemblaient tous, à ces époques lointaines, surtout dans la même province. Une même législation les régissait ; les conditions du travail, les salaires, les prix de la matière première, comme ceux de revient et de vente, étaient sensiblement les mêmes.

On est peu d'accord sur l'époque de l'introduction de l'industrie papetière en France. Certains historiens la placent en

Auvergne ; d'autres dans le Languedoc [1] ; d'autres dans l'Ile de France, à Essonnes ou dans les environs de Troyes [2], vers le milieu du xive siècle. Quelques auteurs pensent pouvoir la faire remonter au siècle précédent. Elle aurait été créée par des Croisés, dans le pays de Thiers et d'Ambert. Il n'existe peut-être aucun document précis à cet égard. M. Briquet, de Genève, qui a dessiné environ 24.000 filigranes anciens, dans un grand nombre d'archives d'Europe, en a découvert un portant la date de 1282 ! Mais il ignore son origine.

Les plus anciens documents sur notre industrie en Lorraine [3] ne semblent pas antérieurs au xve siècle et se rapportent, croyons-nous, aux papeteries d'Arches et d'Archettes. Les moulins à papier furent d'ailleurs prospères en cette province et Durival, dans sa *Description de la Lorraine en* 1778, cité par Lepage, le savant archiviste de Nancy, l'explique par l'abondance des matières premières « parce qu'on y consomme beaucoup de linge et que l'air et l'eau y sont favorables » [4]. Les moulins de la région de Nancy semblent n'apparaître que plus tard, bien qu'il en soit fait mention d'un à Frouard au xve siècle. La papeterie de Bayon était la seule en activité au xvie siècle, dans le département de la Meurthe. C'est celles des Vosges qui sont les plus anciennes comme les plus nombreuses. Il est probable qu'un grand nombre de vieilles papeteries des environs de Nancy ont disparu, tandis que celles du pays de Saint-Dié et d'Epinal se sont développées et multipliées. Mais Lepage, qui a compulsé, vers 1850, tous les documents ayant trait à notre histoire, assure que ceux-ci « se bornent à des notes sommaires, éparses, çà et là, dans des registres, longs et fastidieux à compulser, à quelques ordonnances ou lettres patentes ».

---

1. M. Augustin Blanchet.

2. Leber, t. II.

3. Bleunard, *Hist. gén. de l'Industrie,* appelle cette région industrielle de la papeterie : le groupe des Vosges.

4. Dans une lettre écrite vers 1495 par Coburger, éditeur à Nuremberg, à Amerbach, imprimeur à Bâle, concernant la publication d'un commentaire de la Bible par Nicolas, moine de l'Abbaye des Bénédictins de Lire. Coburger recommande à Amerbach le papier d'Epinal, *Spinalii,* en lui signalant les défauts de certains papiers dont ceux d'Epinal sont exempts (*Corr. de Coburger,* publiée par Oscar Hase, Leipzig).

II

Autour d'Arches[1] et d'Epinal, on voit surgir de bonne heure les moulins à papier. Dès 1506, le duc Antoine accorde, par lettres patentes, à un certain Raulin, une pièce de terre à Uxegney « en ung lieu désert dit le Pré Pusel » pour y édifier une maison à l'usage de papeterie. Nicolas Courvisier, de Docelles, adresse en 1551, une requête à Christine de Danemark, duchesse douairière de Lorraine, pour obtenir la permission de « construyre, ériger et bastir une papellerie sur son propre héritage et vieil assensement séant on finaige de Docelle... sur la rivière de Voullongne (la Vologne) joindant une autre ancienne papellerie à lui appartenant ». Trois ans plus tard, Nicolas de Vaudémont, administrateur du Duché, acensa à Goëry Mulnier le jeune d'Epinal une pièce de terre « près du ruz de Dinozel, ban et finaige d'Arches, avec le cours dudit ruz » pour y *ériger* une papellerie. D'autres documents révèlent la création, en 1562, d'un moulin à papier à Docelles. Enfin, en 1585, le duc Charles II permit à la veuve de René Bazoilles de restaurer une ancienne papellerie à Vraichamp, que nous retrouverons au xviiie siècle et qui existe encore aujourd'hui.

Vers la même époque, la création de l'Université de Pont-à-Mousson amena (1682) celle d'une papeterie aux environs de Jézainville, dont les produits étaient employés pour les *Argumentabor*. Nancy et Toul avaient aussi leurs moulins.

La Lorraine fut donc, de bonne heure, un centre important de fabrication[2] et on remarque que les moulins s'établirent en grand nombre sur la Moselle et ses affluents ; mais ils étaient disséminés au hasard. La prospérité générale de la Lorraine sous Charles II explique le développement de l'industrie que les ordonnances ducales durent régler et protéger[3].

---

1. Arches est sur la Moselle à 10 kilomètres en amont d'Epinal sur la route de Remiremont. Son origine gallo-romaine n'est pas douteuse. Son château remonte au xie siècle, dont les ruines présentent encore quelqu'intérêt. Il dépendait des ducs de Lorraine et de la célèbre abbaye de Remiremont. Arches était le siège d'une prévôté, dont le ressort était le plus étendu de toutes celles de Lorraine et, à partir du xvie siècle, celui d'une gruerye. V. *Arches-sur-Moselle*, par Lepage, Epinal, 1874.

2. Briquet, *Revue de Sociologie*, 1897.

3. Voy. Rogeville.

Les moulins à papier avaient chacun une vie propre et indépendante. Ils ressemblaient aux autres maisons de la campagne et furent souvent installés dans un moulin à grains. Au bord d'un cours d'eau, qui fait tourner une ou deux roues, s'élevait la fabrique, entourée d'un enclos et de quelques prés ou de champs.

C'est cet aspect que présentèrent, dès le XVᵉ siècle, les papeteries d'Arches et d'Archettes. Il semble que ces trois papeteries aient eu une destinée commune. Elles étaient voisines l'une de l'autre et appartinrent de bonne heure au même propriétaire. Les deux d'Archettes doivent avoir été créées les premières. L'une est désignée sous le nom d'*Archettes l'ancienne* ou *la Haute* ; l'autre sous le nom d'*Archettes la Neuve* ou *la Basse*.

Leurs roues ont tourné avec une régularité parfaite depuis leur fondation jusqu'à la fin du siècle dernier, quand la fabrication fut concentrée dans la seule usine d'Arches.

Les limites que nous nous sommes imposées pour la présente étude nous obligent à retracer très brièvement l'*état civil* de ces fabriques. L'indication de leurs propriétaires successifs nous semble avoir un réel intérêt parce qu'elle nous montre quelle a été, au cours des siècles, l'augmentation de la valeur en argent d'établissements, dont l'importance est restée sensiblement la même jusqu'à la veille de la Révolution. A cet égard, les archives privées de la fabrique d'Arches présentent un intérêt de premier ordre.

Le plus vieux document qui fasse mention de la papeterie d'Archettes est le *Compte rendu de la Recette d'Arches pour l'année* 1492-1493. On y lit que « Marc, papellier, demeurant à Archettes, doit chacun an à nostre souverain seigneur (le duc René II de Lorraine) au terme de Sainct Martin, pour une papellerie qu'il a sur le ruy du dit Archettes vj gros » ; d'autre part, que « Allexys, genre (gendre) Collin le papellier, demeurant à Archettes, doit chacun an au dit terme de Sainct Martin, pour cause de la papellerie feu Collin Aubry, qu'il tient, une livre de cire ». Huit ans après, le nom de Marc est remplacé par celui d'Allexys. Il est donc probable que cet Allexys était devenu propriétaire des deux papeteries. Enfin, le compte du Domaine d'Epinal de 1506-1507 prouve que l'exploitation d'Archettes appartenait au possesseur de la papeterie d'Arches. « *Marc*, papellier d'Arches, doit chacun an, au terme de Noël, pour son moulin à papier, séant sur le ruy d'Archettes, viij deniers. »

A partir de 1347, l'histoire de la papeterie est plus facile à suivre. C'est la date de l'acensement par Christine de Danemark et Nicolas de Lorraine, comte de Vaudémont[1], à Bastien Demangeon de la papellerie de Loys Bonnet, située sur le ruy de Raon, ban d'Arches, avec ses aisances et dépendances, moyennant 12 gros de cens annuel et perpétuel. Le moulin de Bastien Demangeon, « tournant à deux roues », passe aux mains de Jean Saunier de Sainte-Marie-aux-Mines, puis à Gérard Cellier, marchand du même lieu, qui cède Arches en 1580 à Simon de Moyeulle, papellier et bourgeois d'Epinal, moyennant 1.500 fr., « monnaie de Lorraine, douzes gros comptez pour chacun fran et de laquelle somme ledict vendeur s'en a tenu contant », le moulin a deux roues et sans doute deux cuves, qu'il gardera pendant les deux siècles suivants. A partir de cette époque, nous connaissons l'importance de la fabrique, qui ne s'augmentera peu à peu que de quelques pièces de terres et de prés.

D'après la consciencieuse étude de M. Lucien Wiener[2] sur les filigranes des papiers lorrains, nos papeteries auraient eu pour propriétaire, vers 1580, un nommé Demenge, qui obtint du duc Charles III, le privilège d'une marque spéciale formée de deux C opposés (ƆC) et couronnés, que l'on retrouve jusqu'au commencement du xix° siècle dans de nombreux filigranes lorrains. M. Wiener a découvert dans les archives de Meurthe-et-Moselle[3] un rapport des *présidents* (1613) pour le fils Demenge Aulbert, gruyer d'Arches, qui se plaint au duc Henri que «certains marchands d'Epinal et autres du baillage d'Allemagne » ont contrefait la marque du double C, qui constituait le privilège accordé à son père. Le malin papetier demandait au duc, dans sa requête, de défendre aux fabricants du duché l'emploi de ce filigrane et il en profitait pour solliciter l'autorisation d'adopter, comme marque de fabrique nouvelle, un H couronné, c'est-à-dire le monogramme du duc. Mais il nous paraît difficile d'admettre que la papeterie de Demenge soit celle qui nous intéresse. Le document, reproduit par notre auteur, porte en effet

1. Mère et oncle du duc de Lorraine Charles III, ses tuteurs.
2. *Nancy*, chez René Wiener, sur papier d'Arches, 1893.
3. Reg. B. 10.411, f° 18.

que la permission accordée à Demenge père consistait à ériger une papeterie sur la Vologne « fluante entre Docelle et Cheniménil », c'est-à-dire à plusieurs kilomètres en amont d'Arches. Nous serions porté à croire qu'il s'agit de la papeterie du grand Meix ou de Lana, commune de Docelles. Cette papeterie, d'après M. Lepage, aurait été acensée, dès 1477, à Berthemin Anthoine et Jean Roselle frères.

Un texte joint aux acquits du compte du receveur d'Epinal intitulé : *Reprinse de l'impost des papelleries pour l'an* 1644 est intéressant en ce qu'il montre combien les guerres dont la Lorraine était le théâtre avaient ralenti l'industrie. Nous y lisons : « Le dix-neufième décembre 1643, plusieurs Maîtres papelliers et entr'autres Nicolas Vaultrin pour la cause de la papellerie d'Arches..., advertis et interpellés suivant l'ancienneté par les officiers du domaine d'Epinal que les impotz du papier estaient à laisser à qui plus les auraient reprins et mis en dernière monte à la somme de soixante francs, ce qui leur a été laissé et écheu en considération du peu de papier qui se fassonne de présent ès dictes papelleries qu'à ceste occasion *ne travaillent la moictié de l'année pour n'en avoir la distribution au cause des guerres régnantes* [1]. »

En un siècle, la valeur des immeubles industriels augmenta dans une notable proportion. Nous voyons en effet qu'en 1696, Nicolas Misson, propriétaire d'Arches, avait vendu son moulin, avec tout son outillage, moyennant 5.500 francs barroise soit 2.357 livres 2 sols neuf deniers tournois à Jean Le Clerc et à Claudinette Gégoult, sa femme. Les parties s'étant réservé la faculté de résilier le contrat, Nicolas Misson reprit l'année suivante son moulin. Puis, en 1698 (sans doute à la mort du papetier), ses deux filles : Liégère, mariée à Blaise de la Porte, laboureur à Arches, et Jeanne-Marie, épouse de Claude Vaultrin, papetier à Docelles, vendaient chacune leur moitié de la fabrique à Jacques Vanesson de Remiremont et à sa femme, née Barbe Thouvenel, moyennant 6.100 francs de Lorraine, ce qui devait faire environ 3.000 livres.

---

1. Les guerres et la peste avaient sensiblement diminué la population et la richesse d'Arches. Le travail semblait arrêté ; les Suédois avaient pillé la ville ; les troupes du roi brûlé le château. Les transactions étaient nulles (*Arches-sur-Moselle,* de Lepage).

Pendant un tiers de siècle, la papeterie resta aux mains de Jacques Vanesson, qui fut maire de Remiremont et à celles de sa femme. Devenue veuve en 1734, elle la vendit à son fils Etienne et à son gendre Jean-Robert Jacquel, « ancien receveur des finances de son Altesse Royale à Remiremont », au prix de 16.000 francs de Lorraine !

Le terrier de 1756 mentionne que le sieur Gérard, aux droits du sieur Claude Vanesson, tient la papeterie Louis Bonnet sur le ruisseau de Raon, et paie pour le cours d'eau au Roi seul un franc. Ce Gérard est certainement celui qui figure sur un très beau filigrane de papier, fabriqué à Archettes et reproduit dans l'étude de M. Wiener, où il est indiqué comme marchand à Nancy. Son successeur fut un sieur Cupers, de la même ville.

CHAPITRE II

Beaumarchais propriétaire des trois moulins (1779-1789).
Pourquoi il les a choisis. — L'enquête de Subito.
« Le Voltaire de Kehl. » — « La Société littéraire et typographique. »
Insuccès de l'entreprise.

Les héritiers de Cupers exploitaient en société les moulins d'Arches et d'Archettes, lorsqu'ils les vendirent à Beaumarchais. Mais celui-ci n'était pas en nom à la vente. Elle fut faite à un tiers : Jean-François Letellier, à qui Beaumarchais avait donné tous ordres à cet effet. Cette vente résulte de deux contrats, l'un du 14 juillet, l'autre du 10 septembre 1779. Par le premier, les héritiers Cupers : Jean-François Harnepont, négociant et premier juge-consul de Lorraine et Barrois à Nancy ; Marguerite Cupers, épouse de Jean-François Coster, avocat au parlement, premier commis des finances pour l'administration de la Corse, résidant à Versailles, et Claude Cupers, fils aîné, marchand à Nancy, cédèrent à Letellier les cinq sixièmes des trois papeteries. Le dernier sixième appartenait aux enfants mineurs d'une autre fille Cupers prédécédée. La vente en fut faite à Letellier, par leur père, le sieur Riolle, maire royal de Pont-à-Mousson.

La totalité de l'exploitation passait donc à Beaumarchais pour la somme de 32.000 livres. C'est là qu'il allait fabriquer la plus grande partie du papier nécessaire à sa fameuse édition du Voltaire de Kehl. Les vendeurs avaient eu soin d'exiger la caution du banquier parisien de l'entreprise : Cantini. Mais ce fut une garantie bien illusoire, car un tiers seulement du prix fut versé aux vendeurs !

Les 32.000 livres formaient une somme importante pour les trois papeteries, dans lesquelles Beaumarchais allait faire de nombreuses améliorations. Mais toutes les dépendances, les cuves, les pâtes, les drilles, colles, vitriols, aluns et papiers manufacturés étaient compris dans ce prix, ainsi que le logement des ouvriers. Il était en outre expressément stipulé que l'acquéreur serait « tenu de maintenir tous les traités faits avec les dites usines, en sorte que les vendeurs ne puissent être inquiétés, ni recherchés à cet égard ».

Voici comment Beaumarchais avait fixé son choix sur nos papeteries. Il avait chargé un maître papetier de Rouen : Subito l'aîné[1], de faire une « tournée en Lorraine, Alsace et Champagne » et de lui rédiger un rapport sur tous les moulins en exploitation[2].

Subito raconte ainsi sa visite à Arches : « Arches et Archettes. Deux papeteries distantes de un quart de lieue l'une de l'autre et partagées de la Moselle. Elles appartiennent à une société très riche et aisée, qui n'épargne ni soins ni dépenses pour en tirer le meilleur parti, mais elles n'ont jamais été aidées d'aucun homme instruit, pas même un manouvrier contremaître. C'est une espèce de République, dans laquelle chacun s'est choisi et conservé son département. Chacun a de l'ambition en corps et en particulier, et si on n'y a pas mieux fait, c'est que les ouvriers eux-mêmes ne savent pas mieux. » Subito remarque l'exceptionnelle qualité des eaux. A Arches, dit-il, l'eau est « très vive et argentée ». L'un des moulins d'Archettes est alimenté par une eau de source assez abondante, mais elle « est trop crue et n'est pas assez élaborée ».

Dans l'autre, il n'y a pas de source, mais on pourrait « s'en procurer une très belle et bien préférable à la première ». Puis il entre dans les détails sur l'état des papeteries, avec une précision d'homme du métier, qui sent tout le parti qu'on pourrait tirer d'une exploitation rationnelle et expérimentée.

La construction des machines est généralement « médiocre », les maillets ne vont pas assez vite, l'eau pourrait être beaucoup mieux utilisée. Il faudrait bâtir un magasin pour les chiffons, construire des pourrissoirs larges et bien aérés, organiser

---

1. Subito possédait trois papeteries : à Darnetal, Barentin et Vivier, qui possédaient cinq roues et quatre cuves. Il fabriquait « tous papiers fins et superfins, depuis le colombier jusqu'au papier pot ».

2. *Archives nationales*, F[12] 5.139, 4 L. 2°.

le lavoir et le « dégorgeoir ». A ces conditions, conclut l'auteur du rapport, la « Compagnie » pourrait faire de beaux papiers.

Subito donne son appréciation sur la manière dont les ouvriers d'Arches et d'Archettes fabriquaient. Nous y reviendrons dans la seconde partie de notre étude.

C'est sans nul doute sur les conseils de Subito que Beaumarchais acheta les trois papeteries.

Nous ne croyons pas trop nous écarter de notre sujet, en disant quelques mots de la gigantesque entreprise que fut la publication du Voltaire de Kehl. Son histoire est un chapitre curieux de la vie de Beaumarchais. Bien que ses *Mémoires* soient remplis de ses aventures, son odyssée en Espagne, ses interminables procès, l'histoire de ses fournitures d'armes pour l'Amérique, ils restent muets sur son rôle d'éditeur de Voltaire, qui dura plus de dix ans.

Son historien, l'admirable Louis de Loménie, dont l'ouvrage est un chef-d'œuvre de patience et de conscience et qui, selon l'expression de Taine dans ses *Derniers Essais*, a « instruit à nouveau les quatre grands procès de Beaumarchais » ne consacre que peu de mots au sujet qui nous occupe. Il n'a pu, croyons-nous, consulter les papiers commerciaux de l'auteur du *Mariage de Figaro* que nous avons eu la bonne fortune de feuilleter à loisir.

La copie des lettres de Beaumarchais, éditeur et libraire, montre quel extraordinaire brasseur d'affaires il fut, combien son ingéniosité fut subtile, son enthousiasme irréfléchi.

A ce moment, la moitié des œuvres de Voltaire était prohibée. On en publiait des fragments sous le manteau et, de temps en temps, on confisquait les volumes[1].

C'est Voltaire complet que Beaumarchais avait résolu de publier. Dans une lettre qui répondait à une question que lui posait Letellier, alors en Angleterre, il déclare qu'il entend publier tous les manuscrits de Voltaire, sans en rien omettre. C'est une condition, dit-il, de leur acquisition. Sa réponse est d'un style qui fait sourire. « C'est Voltaire tout entier, dit-il, que l'Europe attend ; et si nous lui ôtions les cheveux noirs ou

[1] L. De Loménie.

blancs, selon l'opinion de chaque moraliste, il resterait chauve et nous ruinés... »

La préparation de l'entreprise exigea des soins infinis. Il fallait réunir des capitaux, se procurer tous les manuscrits du philosophe, trouver le matériel de typographie, s'assurer la fourniture du papier, établir l'imprimerie en lieu sûr, pour éviter toutes difficultés avec le clergé et le parlement, enfin trouver des souscriptions dans tous les pays d'Europe.

Beaumarchais constitua la « Société littéraire et typographique » dont le domicile élu était chez le banquier Cantini, rue Vieille-du-Temple, et prit le titre modeste de « Chargé de la correspondance générale de l'entreprise », dont il semble avoir été à peu près le seul membre. Les bailleurs de fonds restèrent anonymes [1].

La plus grande partie des manuscrits de Voltaire appartenaient à Panckoucke qui les avait achetés à sa nièce, Mme Denis, et à son ancien secrétaire à Ferney, Wagnière. Mais celui-ci en avait conservé un certain nombre, qui, d'après Beaumarchais, devait représenter environ six volumes. Gudin de la Brénellerie prétend que Catherine II avait offert à Panckoucke d'imprimer à Strasbourg une édition complète de Voltaire. Ce projet n'eut pas de suite et c'est Beaumarchais qui le reprit.

D'après la correspondance de la « Société », l'achat des manuscrits aurait coûté environ 100.000 écus. Le fameux éditeur anglais, John Baskerville, mort peu d'années auparavant, avait laissé un matériel d'imprimerie considérable, réputé dans le monde entier. Beaumarchais résolut de l'acheter. Il négocia avec la veuve de Baskerville, choisit et envoya des agents à Londres, qui firent habilement traîner les négociations. Il eut cependant des mécomptes dans celles-ci et il écrit sur l'un de ses mandataires, un certain Ferguhasson : « C'est un très honnête homme, mais qui est peu propre à entreprendre une négociation d'importance... il n'est pas hardi dans sa marche. » La Société paya 3.700 livres sterling pour les poinçons, matrices et moules

---

1. Dans une lettre au marquis de Bièvres, pour le remercier d'avoir recruté plusieurs souscriptions, Beaumarchais dit : « La Société dont je suis le *Correspondant général* n'est composée que d'amis, de disciples et admirateurs de M. de Voltaire et notre intention est d'élever à sa mémoire le plus beau monument littéraire et typographique du siècle. »

pour la fonte des caractères, les procédés secrets pour la
trempe de l'acier, le lissage des papiers après l'impression, en
un mot tout le matériel. Les presses de l'éditeur avaient un
tel renom que l'Université d'Oxford s'émut en les voyant sortir d'Angleterre et rechercha « les autres restes du célèbre
artiste ».

D'ailleurs, Voltaire avait eu la même pensée que Beaumarchais et était entré naguère en pourparlers avec Baskerville pour
lui confier le soin d'éditer ses œuvres complètes.

Cependant le matériel de Baskerville semble insuffisant à
Beaumarchais. Il envoie des agents dans différents pays pour
acheter des instruments et du papier. Ils acquièrent ainsi, à
Birmingham, deux presses montées et traitent des fournitures
de papier. Un contrat fut passé avec la maison des de Montgolfier à Annonay. Letellier se procure des *formes* à Angoulême
pour équiper Arches et Archettes. On achète des matières à Bar-
le-duc, à Nancy, à Châlons-sur-Marne. Des presses sont ache-
tées dans le même but à Saarbruck. Mais c'est surtout avec les
maîtres papetiers des Vosges et d'Alsace que les marchés les
plus importants furent passés. Nicolas Krantz à Vraichamp, et
Vaissière, à Docelles, s'engagent le 1ᵉʳ juillet 1779, par l'inter-
médiaire de Subito, à fournir pendant deux ans, l'un
2.000 rames, chaque année, l'autre 1.000 rames, d'un poids
de vingt livres, à raison de douze livres lorraines l'une, prises
aux fabriques[1]. Des marchés analogues furent faits avec Voltrinot, papetier à Sainte-Marie-aux-Mines, la Vve Mayer de
Châtenoy, près Schlestadt, Colombel et Sherts de Strasbourg.

La publication complète de Voltaire, qui devait être suivie
de celle de « tous les écrivains célèbres qui auront bien mérité
de leur siècle », était impossible en France. Beaumarchais avait
d'abord jeté les yeux sur la ville de Deux-Ponts, qui présentait

---

1. Beaumarchais leur écrit le 24 juillet 1779 : « J'ai reçu la lettre que vous m'avez
écrite le 14 courant. Je connais parfaitement l'affaire pour laquelle M. Letellier
voyage et je lui ai fait contracter l'engagement avec vous, messieurs ; pour la
fourniture des papiers qu'il vous a commis, vous pouvez avoir la plus parfaite
confiance dans ses engagements. Les dispositions prises pour imprimer les
œuvres de feu M. de Voltaire sont étagées de manière à ne laisser rien à désirer
à ceux qui fourniront les marchandises nécessaires à cette entreprise. J'ai particulièrement des ordres très étendus, qui me font connaître d'avance la bonne
réussite de l'opération et qui excitent ma confiance sans limite. Je vous engage
en conséquence à suivre exactement les dispositions de M. Letellier... Beaumarchais. » (*Archives de la ville de Paris*, annexes au Musée Carnavalet).

une entière sécurité à cause de son « prince philosophe ». Il se décida enfin pour Kehl, qui était sous l'autorité du Margrave de Bade, possesseur d'un vieux fort, qu'il mit à la disposition de Beaumarchais. Il insista pour que celui-ci supprimât certains passages de Voltaire ; mais Beaumarchais s'y refusa et le Margrave finit par céder [1]. L'organisation matérielle de l'entreprise se fit avec une merveilleuse rapidité. Dès le début, Letellier dirigea l'imprimerie de Kehl. Beaumarchais l'avait présenté à ses correspondants comme son alter ego et lui avait confié la signature de la Société. Il semblait l'avoir séduit par son activité et son sens des affaires. Mais la brouille ne tarda pas à naître, puis un procès. Letellier dépensait follement les deniers de la Société ! ! Sous le prétexte de raisons de santé, Beaumarchais le remplaça par Gilbert de la Hogue, écuyer, capitaine de Dragons, ancien commissaire du Roi à Saint-Domingue. Même dans sa correspondance purement commerciale, l'auteur du *Mariage de Figaro* restait écrivain, et, quand de la Hogue prit possession de son nouvel emploi, Beaumarchais adressa une lettre, d'allure toute littéraire à « tous les chefs de travaux et autres dignes sujets de l'établissement de Kehl » pour leur recommander de rester les fidèles et obéissants serviteurs du capitaine de Dragons « son associé et son ami ».

Un grand nombre d'écrivains et de philosophes s'honorèrent de prêter leur concours au succès du Voltaire : d'Alembert, Sicard, Marmontel, l'abbé Morellet. Condorcet, d'après de Loménie, rédigea les notes et les commentaires les plus importants et Maurepas, au dire de Gudin, avait promis sa protection. Beaumarchais sut intéresser à son entreprise Frédéric de Prusse, Catherine II, le roi de Suède; il écrivit à lord Shelburn pour lui demander d'entrer dans son *association* [2].

Lorsque ces concours lui furent acquis, il s'occupa de trouver

---

1. *Archives privées de la papeterie d'Arches.*
2. Lettre du 27 juin 1779 : « J'avais envoyé en Angleterre faire des recherches à ce sujet parce qu'en effet nos fonderies de caractères français *non plus que nos papeteries* (?) ne fournissent rien d'assez beau pour remplir nos vues : nous ne pouvons plus que balancer entre les types de M. Caston (William), ceux de Glasgow et ceux de feu Baskerville dont les éditions ont une si grande valeur dans toute l'Europe... Mais mes amis me chargent, Milord, de vous prier de permettre qu'à notre tour, nous mettions sous votre protection en Angleterre le grand et magnifique monument de littérature française. Nous sommes obligés de former l'éta-

des libraires et des négociants dans presque tous les pays d'Europe, pour recruter des souscripteurs. La Société littéraire et typographique adressa à plus de cinquante correspondants, une circulaire qui n'est pas exempte d'une certaine emphase, et où on reconnaît la main de Beaumarchais lui-même. Elle nous paraît digne d'être rapportée : « Les amis, les disciples et les admirateurs de M. de Voltaire ne voulant s'en rapporter qu'à eux-mêmes pour la rédaction de ses œuvres, ont acheté son portefeuille et se réunissent pour en donner au public la plus belle édition possible. Rien ne sera épargné de leur part. Notre sieur Caron de Beaumarchais s'est chargé de la correspondance générale de l'entreprise.

« Empressés de faciliter au public les moyens de souscrire pour les œuvres complètes de Voltaire, imprimées sur les caractères de Baskerville, *sur papier de première qualité*, nous avons imaginé d'ouvrir un bureau de souscription chez nos correspondants des villes principales du royaume et de l'étranger et chez ceux qui nous ont été recommandés à cet effet. C'est dans ces vues, Monsieur, que nous vous invitons à vouloir bien nous aider dans l'entreprise : les avantages qui en résulteront pour vous seront de 10 p. 100 sur le prix des souscriptions qui seront faites par votre maison. Il y aura encore d'autres avantages qui seront imprimés dans le prospectus que nous aurons l'honneur de vous envoyer... »[1].

Le prix de l'ouvrage, qui devait comprendre soixante-dix volumes in-8°, était de 350 livres. Pour augmenter le nombre des souscripteurs, Letellier organisa, au nom de la Société, une loterie à Strasbourg. Des primes, des médailles furent offertes. Les gazettes complétèrent cette habile publicité, qui coûta, rien que pour la loterie, 250.000 livres[2].

Depuis la fondation de la Société jusqu'en 1787, Beaumarchais avoue qu'il a dépensé 2.230.000 livres et que, quand les derniers volumes seront imprimés, la Société aura engagé environ 2.400.000 livres !

---

blissement de notre superbe édition hors du royaume et nous ne savons pas encore si nos *fabricateurs* n'iront pas chercher un asile, pour la liberté de ce grand ouvrage, en Angleterre... Beaumarchais. »

1. *Archives de la Ville de Paris*, annexes au Musée Carnavalet.

2. On avait créé 750 lots !

Mais Maurepas mourut en 1781 et Beaumarchais eut à lutter contre les redoutables attaques du clergé et du parlement. Il fut souvent à court d'argent ; les travaux d'impression souffraient de longs retards et les souscripteurs qui avaient versé s'impatientaient. La Société littéraire et typographique fut dissoute en 1790, après avoir englouti des sommes considérables. Malgré les dires de Beaumarchais, qui prétendait trouver 6.000 souscripteurs, il est probable qu'il n'en put réunir à grand'peine que deux mille ! Son ingéniosité était extrême pour se procurer des fonds. Il aurait fait tirer un exemplaire de son Voltaire sur papier teinté de vert pour le vendre à Frédéric II, alors très âgé et dont les yeux étaient fatigués. On dit qu'il fit imprimer un autre exemplaire sur papier particulièrement fin, avec une reliure somptueuse, destiné à Catherine. Mais celle-ci ne dut pas l'acquérir et, après de nombreuses vicissitudes, il fut acheté 20.000 francs par l'impératrice Eugénie, qui l'offrit à l'Empereur. Au 4 septembre, il fut, paraît-il, transporté à la bibliothèque du Louvre et brûlé en 1871.

Beaumarchais avait fait d'Arches et d'Archettes le centre de la fabrication du papier[1]. A notre connaissance, la Société littéraire ne posséda que ces trois établissements avec un autre moulin à Plombières[2]. En 1786-1787, elle entra en pourparlers pour l'acquisition d'un autre moulin, mais les conditions semblèrent trop onéreuses et le projet fut abandonné. Ses ressources commençaient à s'épuiser et Beaumarchais donna, en 1788, pouvoir à de la Hogue pour vendre la papeterie de Plombières, même au prix de 18.000 francs. Celle-ci existe encore ; elle possède une seule cuve et elle est exploitée par le propriétaire lui-même, M. La Hache, sa femme et ses enfants, sans le concours d'aucun ouvrier salarié. C'est un exemple

---

1. Lettre à Letellier du 20 août 1779 : « A l'arrivée de M. Subito, M. de Beaumarchais examinera votre plan pour le roulement des usines d'Arches et d'Archettes. Il paraît qu'il est nécessaire d'avancer 20.000 livres pour y parvenir. Le détail succinct que vous faites prouve de nouveau les grands avantages qui doivent résulter de cette acquisition. . . »

2. Beaumarchais l'avait acheté à cause de la qualité exceptionnelle de ses eaux, plus belles encore que celles d'Arches. A ce moment, il était géré par un ouvrier papetier pour le compte d'un propriétaire. Le papier y était médiocre, le chiffon « gâché », ce que Subito déplore dans son rapport. Il s'écrie, en manière de conclusion : *Hic natura semit (sic) margaritas ante porcos! Arch. Nat.*, F¹² 95.139, LL. 2° (Plombières).

aussi rare qu'intéressant, dans l'industrie papetière au commencement de notre siècle[1].

A mesure qu'augmentait l'activité des papeteries d'Arches et d'Archettes, leur propriétaire acquit quelques prés, pour arrondir leurs dépendances. Letellier reconnut par acte notarié, en 1784, que c'est pour le compte et avec les propres deniers de Beaumarchais qu'il avait acheté, cinq ans plus tôt, les établissements d'Arches et d'Archettes. Puis, le nom de Beaumarchais fait place à la raison sociale « Société littéraire et typographique » au nom de qui furent passés plusieurs autres contrats.

Letellier, tout en dirigeant les travaux de Kehl, surveillait la fabrique d'Arches jusqu'au moment où il se fâcha avec Beaumarchais. Celui-ci y installa alors un jeune gérant du nom d'André, qui semble avoir été un chef médiocre. Vaissière, le fournisseur de Docelles, devait l'aider de ses conseils et de son expérience ; mais le gérant se garda d'en tenir compte. Dans sa correspondance, André a soin d'indiquer à la Société littéraire les progrès de la fabrication qui, par sa faute, laisse cependant à désirer et Beaumarchais lui reproche, sur un ton paternel d'abord, puis avec sévérité, de ne pas consulter Vaissière et d'en faire à sa tête. Toujours affairé, Beaumarchais ne pouvait venir à Arches aussi souvent qu'il le désirait. L'œil du maître y était cependant nécessaire. Dans tous les moulins de la région, les crues de la Moselle et de ses affluents, surtout de la Vologne, interrompaient fréquemment le travail. Les eaux troublées et violentes envahissaient les fabriques et les ouvriers de nos papeteries avaient fort à faire pour arrêter l'inondation, construire des barrages et des talus. Beaumarchais, dans une lettre à Vaissière, lui dit tous ses regrets de ne pouvoir se rendre en Lorraine, pour remédier à un tel état de choses « qui est si préjudiciable à la fabrication ».

André fut remplacé, en 1785, sans doute à cause de son incapacité, par un certain Feydel. Mais Beaumarchais n'avait pas eu la main plus heureuse dans le choix de ce second gérant Feydel lui donna de nouveaux sujets d'inquiétude. Il avait la manie de la persécution et écrivait à son patron qu'il était me-

---

1. Il existe actuellement plusieurs petites papeteries analogues à Ambert ; l'une d'elles occupe une famille sans autres ouvriers à la fabrication du papier buvard dit Joseph. Le chiffon est acheté sur place, au marché.

nacé d'empoisonnement. Aussi de la Hogue, qui dirigeait maintenant les presses de Kehl, ainsi que nous l'avons vu, fut chargé de surveiller lui-même la fabrication d'Arches, dont le troisième gérant choisi par Beaumarchais fut De la Garde, dont la mère dirigeait la fabrique de papier de Courtalin (1786).

L'activité de nos trois moulins n'était pas entièrement consacrée à l'alimentation de Kehl et fabriquait, en outre, pour l'étranger, des papiers à tapisser et pour écrire.

Mais bientôt les affaires de la Société périclitaient et Beaumarchais résolut, en 1788, d'abandonner les papeteries d'Arches et d'Archettes, dont l'équipement lui avait coûté de si lourds sacrifices. Ce fut de la Hogue qui les céda, au prix de 50.000 livres, aux frères Claude et Léopold Desgranges, négociants à Luxeuil. Gilbert de la Hogue prend dans l'acte de vente le titre de Directeur associé de Beaumarchais pour l'établissement de Kehl et de ses dépendances. Ce document, qui appartient aux Archives privées de la fabrique d'Arches, contient la ratification et la signature de Beaumarchais, datée, à Paris, du 4 février 1789.

CHAPITRE III

Les successeurs de Beaumarchais.
La fourniture du papier de « La description de l'Égypte ».
Activité des cuves. — La recommandation de Monge et de Berthollet.
L'usine d'Arches aujourd'hui. — Les papiers fiduciaires.
Les papiers d'art.

Malgré le maniement d'argent considérable de sa Société, Beaumarchais n'avait versé à ses vendeurs qu'un tiers du prix d'achat des Usines d'Arches et d'Archettes. Aussi, les frères Desgranges durent-ils payer les 24.000 livres restant dues aux héritiers Cupers. Le contrat montre qu'encore à cette époque, les ouvriers papetiers étaient logés dans les dépendances des fabriques.

Les frères Desgranges vendirent, en 1790, pour 20.838 livres, un tiers de leurs usines à Denis Couad, négociant à Paris, qui devint directeur et associé. C'est depuis cette époque qu'elles restèrent dans la famille du propriétaire actuel. En l'an IX, Léopold Desgranges acheta à son frère sa part. Trois ans après, les époux Couad vendirent leur tiers 39.506 francs à un imprimeur d'Epinal, Hœner[1], qui, à son tour, recéda cette part à Léopold Desgranges. Celui-ci devenait donc ainsi l'unique propriétaire[2]. Les copies de lettres montrent quels jours difficiles eurent à traverser les papeteries d'Arches et d'Archettes, surtout en 1814-1815 alors que les Vosges étaient envahies par

---

1. Ce Hœner doit être le même que celui qui exploitait, en 1789, d'après M. Wiener, une papeterie à Champigneulle, Wiener, p. 57. En 1788, Couad fit un procès à Hœner au sujet de cette vente.
2. En l'an II, les frères Desgranges faisaient exploiter la papeterie de Plombières, qui possédait deux cuves et occupait 14 ouvriers, 21 femmes et 23 enfants. On y fabriquait les papiers fins et superfins, qui se vendaient à Paris, Strasbourg, Metz et Nancy. Ils avaient aussi une papeterie à Saint-Bresson, près Luxeuil, pour la fabrication du timbre. 76 ouvriers et ouvrières y étaient occupés. *Archives nationales*, F¹² 1485.

les alliés [1]. Une grande partie des fabriques de la région durent arrêter tout travail pendant de longs mois. Les communications étaient interrompues, les correspondances interceptées et les ouvriers, par suite des levées d'hommes, avaient abandonné les ateliers. Ceux qui restaient attendirent, pendant quatre mois, que le patron pût les payer. Le pain valait 8 francs la livre ! Dans une lettre à un correspondant de Thann [2], Léopold Desgranges fait un tableau lamentable de sa situation. « 1.700 Cosaques, dit-il, de la plus mauvaise espèce, ont campé et séjourné dans ma commune pendant deux semaines. 250 étaient établis dans ma manufacture, avec autant de chevaux et 6 dans ma maison d'habitation. Tout y a été foulé aux pieds des chevaux, pillé, brisé et nulle part il n'y a eu d'exemple d'une semblable dévastation. Les dégâts et les pertes, qui s'en sont suivis, ont été constatés et évalués à 45.000 francs. Les suites de cette énorme perte sont incalculables. Les cruches de notre acide muriatique des deux dernières années, qui étaient encore pleines, ont été brisées. Cela a produit un effet qui a rempli de rage ces hommes forcenés. »

Ces derniers événements avaient mis le comble aux infortunes du malheureux papetier, dont la situation pécuniaire était difficile depuis plusieurs années, comme nous allons le voir. Ce fut par des prodiges d'économie et de travail qu'il put remettre ses affaires à flot [3].

Après la campagne d'Égypte, Bonaparte voulut qu'un somptueux document scientifique parlât à sa manière de la gloire du général en chef. Il décréta la publication du célèbre ouvrage : *La Description de l'Égypte* et fit appel, pour sa rédaction, aux savants les plus en renom. L'impression du texte et des gra-

---

1. Partout les alliés levaient des contributions et rançonnaient les habitants. Le département des Vosges dut donner à chaque officier étranger 400 francs ; fournir 150.000 aunes de drap, 200.000 aunes de toile : 150.000 douzaines de boutons (*Hist. contemp.*, Delmont, p. 346).

2. Lettre du 12 mai 1814.

3. En 1811, Desgranges fut obligé de suspendre ses paiements et Drouel, rentier à Épinal, fut nommé administrateur des papeteries. Il résulte de l'inventaire judiciaire, dressé à ce moment, que l'actif foncier était de . . . 214.540 francs

Les papiers et matières de . . . . 101.387 »

Soit au total. . . . . 315.927 francs

Dont il faut déduire les dettes . . . . 203.729 »

Soit à l'actif net. . . . . 112.198 francs

vures est un des beaux travaux de l'*Imprimerie Impériale*.
C'est d'Arches et d'Archettes que sont sortis tous les papiers,
pour la typographie et la taille douce de cette publication.

Conté — plus célèbre aujourd'hui par ses crayons que par
ses inventions merveilleuses comme chef de bataillon des aéros-
tiers dans l'expédition d'Égypte — facilita singulièrement les
travaux de gravure. Il avait imaginé une machine à graver
pour faire automatiquement les derniers plans, les ciels et les
masses principales des monuments.

Il résulte des comptes conservés à l'Imprimerie Nationale,
que de 1807 à 1823 nos papeteries lui fournirent environ deux
millions de feuilles de papier, d'une qualité exceptionnelle en
grand Aigle, Jésus, Velin et Écu verjuré. C'est Jomard, le commissaire du gouvernement près de la *Commission d'Égypte*, et
en réalité, le secrétaire général de la publication, qui avait
préparé les traités de fourniture.

Ils furent signés par Lancret et réglaient minutieusement les
multiples conditions que devait remplir le papier. C'est à la
suite d'un concours et en considération de la « moralité » de
Léopold Desgranges et de la supériorité de ses produits, que la
fourniture lui avait été confiée en 1806. On reconnut « qu'ils
rivalisent s'ils ne surpassent ce qui se fait de mieux en Angleterre ». En outre, le fabricant acceptait de ne toucher ses fac-
tures que quatre mois après livraison. Si le choix du gouvernement était flatteur pour les papeteries d'Arches et d'Archettes,
il devint bientôt onéreux et causa de cruels mécomptes à leur
propriétaire.

Léopold Desgranges avait soumissionné, malgré la hausse
des salaires, à des prix trop réduits et il avait dû se procurer
un matériel spécial pour des papiers de cinquante et un pouces !
Il fit, en 1808, la demande d'un secours de 150.000 francs sur
les crédits affectés aux encouragements aux manufactures. Ce
secours ne put lui être accordé et il dut faire, trois ans après,
une nouvelle demande de 100.000 francs, qui ne fut pas mieux
accueillie.

Les appuis ne lui avaient cependant pas manqué. Le préfet
des Vosges écrivit au ministre que, tandis que « les beaux
papiers de Johannot et Montgolfier se vendent vingt et un sols
la livre, on recherche ceux d'Arches à vingt-six sols. Il ne se

fabrique nulle part de papiers aussi grands ». Les membres de la Commission avaient également recommandé le fabricant. Leur lettre porte la signature de Berthollet et de Monge. Léopold Desgranges avait des connaissances étendues sur la situation générale économique de l'industrie papetière. Sa seconde demande de subvention était accompagnée d'*Observations sur l'importance et la situation actuelle des fabriques de papiers dans l'Empire français*[1]. Dans ce substantiel mémoire, il montrait que l'avilissement des prix du papier, ruineux pour l'industrie, était dû au cours trop réduit que l'Imprimerie impériale imposait à ses fournisseurs et qui avait sa répercussion dans toute l'industrie. Il proposait que cette administration fît de nouvelles enchères et accordât une prime de 1 fr. 50 aux maîtres papetiers qui travailleraient pour elle. Il montrait que les matières premières, évaluées à huit ou dix millions, étaient plus que suffisantes pour la fabrication et qu'il y aurait intérêt à faciliter leur exportation.

Le Bureau consultatif des arts et manufactures examina le rapport de Desgranges, mais son avis qui porte le nom de Thénard et Gay-Lussac ne fut pas favorable[2].

Pendant les dernières années de l'empire, on dut interrompre l'impression de la *Description de l'Égypte*, ce qui causa de nouvelles pertes au fabricant. La Commission comptait payer le papetier avec le produit des souscriptions. C'est ainsi que Beaumarchais avait opéré, trente ans auparavant, et le résultat ne fut pas plus brillant.

La Commission dépendait du ministre de l'Intérieur ; l'Imprimerie impériale de celui de la Justice. Les comptes furent difficiles et longs à régler, même entre ces deux départements ; ils ne furent clos qu'en 1835 et encore par la remise de quatre exemplaires de l'ouvrage au ministère de la Justice, ainsi que cela résulte d'une lettre de Thiers au garde des sceaux[3].

Le fabricant dut attendre longtemps le paiement de ses fournitures. Les papiers n'étaient imprimés que plusieurs années après leur livraison. Ils étaient déposés dans les magasins de l'Imprimerie impériale et souvent s'y altéraient. Les retards

1. *Archives nationales,* F[12] 95.139.
2. *Archives nationales,* F[12] 95.139.
3. *Archives de l'Imprimerie nationale.*

dans l'impression des derniers volumes provenaient du peu
d'empressement des collaborateurs de la *Description de l'Égypte*
à remettre leurs mémoires. En 1820, bien que la première
édition ne fût point achevée. le ministre de l'Intérieur concéda
à Ch.-L. Fleury Panckoucke, fils du contemporain de Beaumarchais, le droit de faire une seconde édition de l'ouvrage.
Certaines conditions sont intéressantes à noter. Le texte devait
être semblable à celui de la première édition, mais l'éditeur
était obligé d'en retrancher les passages où Bonaparte était
représenté comme chef du gouvernement.

A la mort de Léopold Desgranges, son fils Aimé et sa fille,
Louise-Sophie, épouse de Jean-Charles Lebon, conseiller à la
Cour de Colmar, vendirent, moyennant 70.000 francs, la totalité
des établissements d'Arches et d'Archettes à Denis Couad, alors
propriétaire à Épinal, qui les exploita jusqu'à sa mort, en 1833.

Vers la même époque, Arches et Archettes écoulaient une
partie de leurs produits à Munich et à Stuttgard et fournissaient
le papier de l'imagerie d'Epinal, qui, depuis plus d'un siècle,
est la propriété de la famille Pellerin [1].

Il ne nous reste plus qu'à ajouter un mot pour montrer comment nos établissements devinrent la propriété de M. Jules Perrigot, le fabricant actuel. A la mort de Denis Couad, ils passèrent
aux mains de son petit-fils, M. Auguste Morel, qui s'associa
successivement M. Bercioux et M. Masure, beau-père de M. Perrigot.

A partir de 1860, une nouvelle ère de prospérité commença
pour la maison. On y fabriquait exclusivement du papier tim-
bré. La vieille papeterie du Rupt de Raon était souvent inon-
dée et trop exiguë ; M. Morel se décida à construire une nouvelle
usine sur le même cours d'eau, un peu en amont de l'ancienne.
Les deux moulins d'Archettes continuèrent cependant à tourner.
Mais l'exploitation dans trois bâtiments, éloignés l'un de l'autre,
était incommode. La nouvelle usine finit par absorber toute l'activité industrielle. Archettes la Basse fut abandonnée en 1870; la
Haute en 1891. C'est l'usine d'Arches qui est seule exploitée
aujourd'hui [2].

1. Les copies de lettres d'Arches montrent que les relations commerciales des
deux maisons étaient importantes.
2. Une partie des constructions primitives est encore debout. La vieille chif-

A la vérité elle est réellement divisée en deux usines distinctes et complètes : l'une affectée exclusivement à la fabrication des billets de banque et papiers fiduciaires, l'autre aux papiers de commerce à la forme.

« L'usine des Billets », ainsi qu'on l'appelle, est agencée avec le plus grand souci de la propreté et de l'ordre.

Là tout est en cuivre, bronze ou faïence, les eaux naturellement pures passent à travers une série de filtres.

Les ateliers sont spacieux, bien éclairés, les feuilles filigranées, fabriquées une à une, sont successivement pressées, séchées, épluchées, pesées, collées, puis séchées à nouveau entre des buvards, épluchées encore, pesées une à une, revues et finalement livrées au commissaire de surveillance des Banques.

Là elles sont à nouveau vérifiées, revues, pesées, enfin paquetées en rames, cachetées du sceau de l'usine et du sceau du commissaire pour être expédiées aux destinataires.

La sécurité de cette fabrication si spéciale est assurée par l'organisation d'un contrôle rigoureux. Les feuilles sont comptées deux fois entre chaque opération et chaque atelier prend en charge le nombre exact des feuilles bonnes ou mauvaises reçues de l'atelier précédent.

Chaque journée de fabrication a son état civil, et les feuilles déchirées ou détériorées sont représentées jusqu'à la destruction qui a lieu en présence du commissaire ; procès-verbal de la destruction est établi et signé du directeur de l'usine et du commissaire.

Chaque jour des feuilles sont prélevées pour être soumises aux essais de résistance à la traction, au froissement, au pliage répété.

Grâce à ces soins extrêmes, à cet outillage raffiné et à l'organisation minutieuse du travail, l'usine d'Arches est parvenue à tenir la tête dans cette fabrication si difficile du papier fiduciaire, et à assurer les fournitures les plus importantes.

Par exemple, elle a pu, en la seule année 1910, livrer 40 millions de billets pour les Banques d'Espagne, du Portugal, d'Algérie, de Belgique, de Roumanie ; tous les papiers filigranés demandés par le ministère des Finances pour le service de la Dette et des Bons du Trésor de France, et de plusieurs pays étrangers ; les

fonderie est toujours en usage, ainsi qu'un ancien édifice dont l'architecture avec ses contreforts et ses pignons rappelle le XVIe siècle.

titres de plusieurs Compagnies de chemins de fer, Société de
crédit et Sociétés industrielles.

La seconde usine dite « du Commerce » fabrique les papiers
pour les éditions de luxe (papier dit de Hollande), pour grandes
épreuves en taille-douce, les papiers et cartes de correspondance
dits « papier Moyen Age », le papier à dessin Ingres marqué
M B M, le papier pour le trait et le lavis dit « Papier d'Arches »
et « Fidelis » qui a détrôné en France le Whatmann et beacoup
de papiers spéciaux tels que le papier des cartes du service
hydrographique de la Marine.

On peut affirmer que 90 p. 100 des éditions de luxe à tirage
limité sont faites sur papier d'Arches : il en est de même des
gravures et estampes en couleur.

Il suffit de parcourir les catalogues des ventes célèbres et
ceux des éditeurs spéciaux pour voir à chaque instant la mention « tiré sur papier d'Arches », mention si recherchée des
Bibliophiles.

La partie commerciale est exclusivement concentrée à Paris,
depuis près d'un siècle [1]. Elle a pris dans ces derniers temps
un développement considérable.

Outre des représentants dans les grandes villes : Lyon, Tou-
louse, Bordeaux, des agences spéciales fonctionnent à Vienne,
Bruxelles, Londres, Berne et New-York, et l'exportation se
chiffre par sommes fort importantes.

La fabrication s'est orientée, suivant le progrès, vers de nouvelles sortes, les machines et l'outillage se sont perfectionnés
chaque année et cependant les procédés essentiels ont été soigneusement maintenus, car ce sont eux qui donnent au papier
ses qualités de résistance, de durabilité et d'inaltérabilité.

Aujourd'hui comme autrefois la matière première employée
est le chiffon à l'exclusion de toute autre. Les chiffons, débar-
rassés de leur poussière par des machines spéciales, sont classés
et coupés à la main ; puis nettoyés et épurés par les procédés
les plus perfectionnés.

Le papier est fabriqué soit à la main, soit par des procédés
mécaniques brevetés, mais toujours feuille à feuille. Il est uni-
quement séché à l'air dans de vastes étendoirs ventilés où les

---

1. Le dépôt situé au nᵒ 30 de la rue Mazarine est à cet endroit depuis 45 ans.

feuilles peuvent prendre librement leur retrait en conservant un feutrage parfait.

Les feuilles sont collées à la gélatine comme autrefois ; on a seulement perfectionné les procédés d'épuration de la gélatine pour lui enlever son odeur désagréable.

Il est intéressant de comparer les dispositions anciennes aux nouvelles et l'examen des gravures insérées dans ce volume fait voir les perfectionnements apportés et montre en même temps avec quel soin les procédés primitifs sont conservés dans leurs principes essentiels.

Les anciens ateliers sont représentés par des photographies de gravures empruntées à l'ouvrage classique de Delalande. Les ateliers nouveaux sont des reproductions de clichés pris dans l'usine actuelle.

DEUXIÈME PARTIE

L'INDUSTRIE PAPETIÈRE SOUS L'ANCIEN RÉGIME ET LA FABRICATION MODERNE

CHAPITRE PREMIER

Le régime de la fabrication sous la Monarchie.
Les conditions du travail. — La Lorraine. — L'esprit des ouvriers.
Leurs conflits avec les patrons.
Un ami de Beaumarchais : Le maître papetier de Vraichamp.

S'il existe, dès le xv⁰ siècle, des textes qui imposent certaines règles à la fabrication du papier, il semble que la réglementation générale de l'industrie papetière n'est pas antérieure au xvii⁰ siècle. On y fut amené pour la protéger contre la concurrence étrangère et pour réserver aux maîtres papetiers la matière première, que les étrangers faisaient sortir en abondance. Le principe pouvait être excellent, mais la législation alla souvent à l'encontre du but qu'elle s'était proposé. Non seulement on établit des droits pour empêcher la sortie des chiffons, drilles, *drapeaux*, colles, etc., et on frappa les papiers ouvrés à leur entrée, mais on voulut réglementer à outrance la fabrication, ce qui était un mal. Ce mal subsista, presque en entier, jusqu'à la Révolution [1]. Dès 1633, Louis XIII constitua un personnel d'inspecteurs chargés d'assurer l'exécution des règlements [2]. C'est alors qu'on créa des offices de *marqueurs*,

---

1. En ce qui concerne la région champenoise, voyez : Th. Boutiot, *Recherches sur les anciennes pestes de Troyes* et l'*Histoire de Troyes*, t. III.

2. Un office de « contrôleur, visiteur et marqueur de papiers en chacune ville, bourg, bourgade et hameau, où se fait le papier » fut créé (Lettres patentes enregistrées à la Cour des Aides en 1634). Guenois. Table chronologique. cité par Pierre Poyet.

visiteurs de papiers, qui assignaient eux-mêmes des droits à la fabrication, dont le chiffre oscilla constamment. Ils furent même supprimés, rétablis et modifiés par divers arrêts, qui, vers 1670, furent rendus uniformes pour tout le royaume. Les encouragements manquaient à cette industrie. Les patrons adressaient leurs doléances aux intendants, qui les transmettaient aux inspecteurs des manufactures. Mais ceux-ci manquaient souvent de zèle et de compétence[1].

C'est précisément (comme l'a remarqué M. Pierre Poyet, qui a étudié notre industrie dans les riches régions papetières de l'Angoumois et du Limousin), à l'époque où droits et règlements ont été établis, qu'a commencé, en France, la décadence de l'industrie, qui devint florissante en Angleterre, en Hollande et en Italie. Et c'est à tort qu'on crut remédier au mal, en augmentant les droits d'entrée sur les papiers fabriqués. La protection exagérée donna naissance à la fraude, qui ne tarda pas à se donner libre cours.

Les documents législatifs les plus importants sur la matière, ceux qui sont, en quelque sorte, la codification des décisions antérieures, n'ayant souvent d'application que pour une province déterminée, furent les arrêts de 1739 et 1741.

Le premier, accompagné d'un tarif, est absolument draconien. Tout y est réglementé avec une extraordinaire précision : conditions de la fabrication et de la vente, poids et dimensions des papiers, obligations des patrons et des ouvriers les uns vis-à-vis des autres.

La moindre infraction y est punie de la confiscation ou de peines sévères en argent.

Les *gardes-visiteurs* sont réorganisés et leur nomination est faite par les maîtres papiers eux-mêmes[2]. Cependant, d'importants privilèges sont accordés aux papetiers. Les maîtres, leurs fils qui travaillent avec eux et la plus grande partie de leurs ouvriers, les colleurs ou sallerans et, d'une manière générale, tous ceux qui concourent à la fabrication sont « personnellement exempts de la collecte des tailles, du logement des gens de guerre et de milice ». Les arrêts n'avaient pas empêché, comme au siècle précédent, la sortie d'une grande quantité de

1. Voy. Rapp. de Subito.
2. Arrêt du 12 décembre 1730 cité par de La Lande, *Art de faire le papier*.

vieux linges, rognures de peaux et de parchemin, ainsi que tout
ce qui était indispensable à la confection de la colle.

Les papetiers, imprimeurs et libraires s'en émurent ; beaucoup de fabriques périclitèrent. Un nouvel arrêt dut, en 1771,
remettre en vigueur les textes antérieurs, qui furent même
aggravés. De nouvelles défenses y étaient édictées pour prohiber
toute sortie des matières premières. Aucune fabrique ne put
être établie dans une zone de quatre lieues le long des fron-
tières. L'interdiction d'exporter s'appliquait aux ports de commerce et ceux d'où pouvaient être transportées ces matières,
d'une province à l'autre, furent soigneusement limités.

Comme précédemment, une réglementation si étroite ne fit
qu'entraver l'essor de l'industrie. Les privilèges étaient un remède
insuffisant. Bien que les papetiers pussent, en vertu d'un arrêt
du Conseil de 1746, faire circuler les matières premières d'une
province à l'autre à l'intérieur du royaume, de nombreuses
plaintes amenèrent le gouvernement à étudier l'amendement de
la législation. M. P. Poyet a signalé[1] un document des archives
de la Haute-Vienne[2] qui est précieux à cet égard. C'est un
manuscrit intitulé : « Mémoire sur la nécessité d'abroger plusieurs articles des règlements de 1739 et 1741 sur les papeteries. »
Il fut envoyé de Paris par M. d'Invau, en 1769, à M. de Turgot,
intendant de Limoges, pour l'examiner, en conférer avec les
fabricants et donner son avis. Malheureusement nous ne possé-
dons pas la réponse de Turgot ; mais il est fort probable que
le futur Contrôleur général des Finances eut les meilleures raisons pour conseiller un régime plus libéral.

Il ne semble pas cependant que des textes précis vinrent
modifier sensiblement la législation. La faculté fut, il est vrai,
accordée d'employer toute espèce de machines pour la trituration des pâtes. Desmarest, dont l'*Histoire de la Papeterie* date de
1789, se plaint des inconvénients qui résultent pour l'industrie
papetière des prescriptions de 1739 et 1741. Il remarque que
celle-ci, s'étant modifiée et développée par suite de l'introduction
de nouvelles machines, notamment des cylindres hollandais[3],

---

1. *Essai de Bibliographie Limousine*, Limoges. Chapoulaud, 1862.
2. A. 6.496.
3. Les cylindres étaient employés en Hollande depuis la seconde moitié du
xviie siècle. Bleunard, t. I.

la législation n'est plus en harmonie avec les besoins nouveaux.
Aussi la loi n'est plus obéie. « En lisant ces règlements, dit-il,
et comparant leurs dispositions avec l'état actuel de la papeterie
en France, on sent combien il est dangereux de vouloir diriger
l'industrie, en faisant une loi de certains procédés, de petites
manipulations, que des vues nouvelles, de nouveaux besoins
obligent de changer et de perfectionner chaque jour. L'art che-
mine, fait des progrès, en adoptant pour moyens ce qui était
envisagé auparavant comme abusif ou dangereux ; mais la loi
reste : elle gêne ou bien elle est mise à l'écart. C'est ce qui est
heureusement arrivé pour la papeterie française. »

Arches et Archettes en sont un frappant exemple. Les papiers,
qui sortaient de leurs cuves, ne ressemblaient certes pas aux
types fixés rigoureusement par le tarif de 1739.

On y avait adopté un classement très simple des chiffons de
tissus fins en trois catégories, qui servaient à fabriquer trois
sortes de papiers :

Le chiffon dit *fin* comprenant le chiffon blanc, couleur, coton
et piqué.

Le *cerné* ou demi-blanc, appelé *blanc triage*.

Le *Saxe*, qui comprenait « tout ce qui est toile grise et cependant fine. C'est de ce triage si simple qu'ils ont appelé leurs
papiers ou fin, ou fin à 1/4, à 1/6, à 1/3, c'est-à-dire que la
blancheur du fin diminue avec la plus grande quantité de *cernés*,
y assortis » [1].

Enfin, toutes les matières, qui ne pouvaient entrer dans ces
trois catégories, telles que les indiennes rouges ou bleues, les
toiles à voiles, les draperies, les « culottes et vestes de paysans »,
servaient à fabriquer les *maculatures* ou papiers grossiers pour
envelopper.

Bien que l'administration générale du royaume n'ait pénétré
complètement en Lorraine qu'à la mort de Stanislas, en 1766,
les arrêts de 1739 et 1741, ainsi que les tarifs sur les droits de
circulation, y furent registrés à la Cour souveraine de Lorraine
et Barrois, peu de temps après leur promulgation.

Jusque-là, des ordonnances ducales réglementaient notre
industrie et accordaient des privilèges spéciaux, comme nous

---

1. Subito.

l'avons vu, pour la papeterie de Demange-Aubert, toute voisine d'Arches si elle n'est pas celle d'Arches même. M. Wiener cite une ordonnance de 1599, d'après Rogéville et François de Neufchâteau, qui prescrivit des mesures de protection pour empêcher la sortie des matières premières hors du duché et défendre aux ouvriers de passer dans les pays étrangers. Un document très important, pour l'histoire industrielle de la Lorraine à la fin de l'ancien régime, a été récemment découvert par M. Chevreux, le savant archiviste des Vosges. C'est le rapport de M. de Lazowsky, inspecteur général ambulant du commerce, sur les *Manufactures des provinces des trois Évêchés, Lorraine et Alsace en 1785* [1]. Le chapitre VI, consacré aux papeteries et tanneries, constate que, depuis la mort de Stanislas, notre industrie a fait des progrès considérables, dus spécialement à l'usage des cylindres. « La Lorraine surtout, dit-il, la moins favorisée entre les provinces de France, réputées étrangères, possède la plus grande quantité de cuves, presque toutes dans les pâtes fines, peut-être un tiers en pâtes bulles, dans les moulins à batteries, qui se trouvent dans les Trois Évêchés, dont le produit réduit par cuve est évalué à 8.000 livres... et l'on peut assurer que cette évaluation est la plus basse de ce que ces papeteries rendent actuellement ou peuvent rendre. »

D'après ce rapport, la production totale serait de 672.000 livres, dont un tiers serait utilisé sur place et les deux autres tiers exportés en Allemagne, à Liège et à Maestricht. L'auteur ne doute pas que la production papetière s'augmenterait encore bien davantage si la Lorraine était englobée dans les cinq grosses fermes.

Car ce sont surtout les droits d'entrée sur les drapeaux et chiffons et les droits de sortie sur les produits manufacturés, qui rendent la fabrication onéreuse. Aussi les fabricants préfèrent limiter leur travail aux matières premières qu'ils se procurent en Lorraine, l'écouler sur place, ou l'envoyer à l'étranger.

« Les Lorrains, dit M. de Lazowsky, tirent les drapeaux et chiffons de la province. Ils ne peuvent plus s'approvisionner ailleurs, même en Alsace, de sorte qu'ils paient le quintal pesant

---

1. *Archives départementales des Vosges*, série C.

douze livres, tandis que les Alsaciens ne le paient que
neuf livres. Encore faut-il présumer que ces chiffons ne se ven-
draient que six livres, si l'on n'en exportait pas les plus fins en
Suisse[1].

« Une observation qui mérite la plus grande importance et
qui décèle la bigarrure des droits et des raisons du fisc, dans un
même royaume, c'est que ces provinces, réputées étrangères,
se voyent enlever journellement leurs matières premières par
les Comtois, qui ne payent aucuns droits, tandis qu'elles n'ont
pas la même faculté de s'en approvisionner elles-mêmes en
Franche-Comté, qui ne peut les consommer à moitié et que
ces chiffons passent en Suisse en contrebande, vu la proximité
d'une part, et de l'autre, l'assujettissement des Lorrains à des
droits exorbitants. Une autre remarque non moins prépondé-
rante est le droit de trente livres par quintal de pâtes blanches
que payent les Lorrains, en entrant dans les cinq grosses fermes.
Quant aux pâtes bises, il est de dix-huit livres. Je demande si
les Hollandais et autres étrangers effectifs payent de plus forts
droits que les Lorrains en entrant en France et si les nationaux
ne devraient pas être privilégiés ? »

Malgré ces entraves si onéreuses, la Lorraine possédait, dans
les dernières années de la Monarchie, un grand nombre de
cuves. Mais beaucoup de fabricants ne produisaient que des
papiers médiocres, car ils étaient peu instruits dans leur art et
se trouvaient condamnés à la routine. Les ouvriers n'augmen-
taient pas leurs connaissances et ne retenaient rien de leur pas-
sage dans des établissements plus favorisés, qui fabriquaient de
beaux produits. Ils étaient enclins à « ridiculiser les procédés
nouveaux et à maintenir dans l'ignorance les petits patrons,
cherchant avant tout à simplifier le travail pour s'épargner de
la peine. Pour se maintenir à la hauteur des progrès de l'industrie, ils auraient dû voyager eux-mêmes, ou faire voyager
leurs enfants ; mais ils n'en avaient pas les moyens »[2].

Nous reproduisons ici[3] un tableau indiquant l'état des moulins à papier vers 1785, dans la région qui forme le département
des Vosges.

1. C'est surtout aux papeteries de Bâle qu'ils étaient destinés.
2. Subito.
3. D'après M. de Lazowski.

LOCALITÉS	CUVES	BATTERIES	CYLINDRES
Arches et Archettes	4	Batteries.	
Docelles [1].	9	. . .	Cylindres.
Plombières	2	—	Cylindres.
Dinozé	3	Batteries.	Cylindres.
Épinal char d'argent	1	Batteries.	Cylindres.
Le Bois d'Épinal	2	Batteries.	Cylindres.
Rambervillers [2]	4	Batteries.	Cylindres.
Fontenoy près Bains	1	Batteries.	Cylindres.
Étival	1	Batteries.	Cylindres [3].

Le remplacement des batteries de maillets par les cylindres allait amener une transformation importante dans les conditions du travail. Depuis l'origine, les maillets, constamment en usage, donnaient aux moulins à papier leur physionomie particulière, frappant nuit et jour, en cadence, dans les piles. Comme le meunier, le maître papetier doit avoir sans cesse l'oreille attentive à la vitesse du rythme de ses pilons.

L'usage des cylindres, comme le montre le tableau précédent, s'était généralisé en Lorraine. Dans beaucoup de moulins, les deux systèmes fonctionnaient en même temps. Desmarets indique qu'ils étaient également employés en Alsace et dans le Gueldre. Mais les cylindres de Lorraine étaient, au dire de M. de Lazowsky, tout en fer, tandis que, dans les autres pays, on avait adopté le cuivre, qui ne risquait pas de faire des taches de rouille à la pâte. Il est surprenant que Beaumarchais n'ait pas installé de cylindres dans ses trois moulins. En 1785, au plus fort de la fabrication destinée au Voltaire de Kehl, la pâte était toujours préparée par des jeux de maillets. Subito avait remarqué, six ans auparavant, que toutes les roues étaient munies de godets, que chaque moulin avait dix piles et qua-

1. Docelles avait trois papeteries qui existent encore aujourd'hui : Vraichamp, Lana, Le Grand Meix.

2. La papeterie de Blanchifontaine était également sur le territoire de Rambervillers.

3. Le préfet du département des Vosges, dans le rapport qu'il envoya, en 1812, au ministre des Manufactures sur l'état des fabriques de son département, donne des renseignements un peu différents sur les moulins à papier qui étaient en activité à la veille de la Révolution. Ce sont : Arches, 2 Archettes, Trémonzey, Dinozé, 3 Docelles, Épinal (Uzefaing), Épinal (Uzefaing, Oliver), Laval, Rambervillers (Blanchifontaine), Rambervillers (Baslieu), Étival, Dommartin, Vecoux, Plombières. Dans les observations générales, le préfet écrit : « Ce genre d'industrie languit aujourd'hui. Depuis 1810, le nombre de cuves a diminué. Dans cette espèce d'usine, on distingue celles d'Archettes qui fabriquent le beau papier de la *Commission d'Égypte*... (*Arch. nat.*, F¹² 550).

rante maillets. Les usines et les chambres de cuve n'étaient ni pavées, ni plafonnées.

L'auteur du rapport sur l'industrie en Lorraine signale que la papeterie de Nicolas Krantz à Docelles (Vraichamp) possédait un système spécial de cylindres, mû par l'eau, qui « coupait en petits morceaux les chiffons, avant de les faire échauffer ». Ces cylindres économisaient les bras et rendaient la trituration des chiffons plus parfaite. C'était un procédé assez perfectionné, qui n'existait encore, au dire de l'auteur, qu'à Essonnes. Deux cylindres, l'un pour effilocher, l'autre pour raffiner, pouvaient alimenter trois cuves, qui avaient besoin de quatre-vingts maillets pour fournir la même quantité de pâte. Les cylindres exigeaient, en outre, beaucoup moins de place.

Nicolas Krantz avait été un novateur dans l'industrie de son pays. C'était un esprit décidé et fort inventif[1]. Nous avons vu que Beaumarchais lui avait fait une importante commande de papier pour son Voltaire. Il se lia avec lui et eut souvent l'occasion de lui demander des conseils. Le maître de Vraichamp ne semblait cependant pas destiné à diriger une fabrique de papier. Subito, auquel nous sommes souvent obligé de recourir pour retrouver la physionomie des fabriques voisines d'Arches, raconte qu'il avait été « le Plombier du Roy de Pologne à Lunéville ». La vérité est que Stanislas l'avait envoyé à Rome étudier l'art des jardins et les canalisations d'eaux, pour ordonner ceux de son palais à Lunéville. C'est lui qui les dessina et y installa leurs admirables pièces d'eau. Il s'acquitta sans doute de sa mission au gré du roi, qui lui accorda une pension[2]. C'est dans la suite qu'il vint exploiter la papeterie de Vraichamp ; elle appartenait à un de ses parents, qui ne pouvait se libérer vis-à-vis de lui d'une dette considérable. Il mit aussitôt à profit ses connaissances pour installer tout un système de tuyauterie en cuivre, qui économisait le combustible et répandait une chaleur égale dans ses ateliers, qui étaient « immenses ». Mais, c'est en imaginant d'habiles canalisations d'eaux, pour

---

1. Il possédait deux autres papeteries. L'une à Docelles même, la papeterie de Lana, achetée en 1784, et un petit moulin d'une seule cuve à Rambervillers, qui occupait 4 ouvriers à la fabrication du papier d'affiches et d'emballage. En l'an II il était l'un des administrateurs du District de Bruyères. — *Arch. nationales*, F¹² 1.485.

2 Documents communiqués par M. Camille Krantz.

desservir ses cylindres et ses batteries, qu'il améliora surtout
sa fabrication. Les eaux s'y distribuaient au moyen de siphons
de son invention et conservaient ainsi toute leur pureté. « Son
usine, dit Subito, n'est pas chargée, comme toutes les autres,
de gouttières découvertes et appuyées contre les murailles,
dans lesquelles croissent et se multiplient une *immensité* de
reptiles qui déshonorent les papiers..... En général, il faut
rendre à M. Krantz la justice que sa papeterie est une des plus
propres et des plus ingénieusement conduites..... Tout, chez
ce fabricant, présente le même principe d'industrie et il n'est
que trop peu d'hommes de cette espèce pour notre art[1]. » On
comprend ainsi pourquoi Beaumarchais avait choisi cette
fabrique pour compléter la production des moulins d'Arches et
d'Archettes.

Comme nous le verrons bientôt à propos des rébellions et
des mutineries des ouvriers papetiers, Nicolas Krantz eut, en
différentes occasions, à se plaindre de certains de ses confrères,
qui débauchaient les siens pour les prendre à leur service et
profiter, sans doute, des progrès qu'il avait su réaliser. Il dut
aussi protester contre les agissements d'un revendeur de chiffons d'Epinal, un sieur Vaillant, et Beaumarchais écrivit, de sa
propre main, à l'intendant de Laporte la lettre inédite qu'on va
lire, pour lui recommander la requête de son ami :

Paris, ce 22 mars 1786.

Monsieur,

« Permettez-moi de vous adresser un Mémorial, qui m'a été
remis par M. Krantz père, fabricant de papier à Docelle. Pendant que l'Administration daigne s'occuper ici du grand objet
de réunir la Lorraine aux provinces intérieures et que nous
espérons beaucoup de l'avis que vous voudrez bien envoyer au
ministre à ce sujet, un seul revendeur de drilles à Epinal,
nommé Vaillant, nuit et veut conserver le droit de nuire aux
fabricants de papier, qui méritent, avant tous autres, la protection d'un administrateur aussi éclairé que vous, Monsieur.

M. Krantz m'a beaucoup prié d'avoir l'honneur de vous en
écrire. En lisant son mémoire, j'ai cru que rien ne pouvait

____
1. Subito.

4

mieux vous recommander le bon droit des fabriquants (*sic*) que
le détail qu'il contient. Les revendeurs peuvent gagner sur les
choses fabriquées, mais il me paraît contre toute bonne police
de tolérer qu'ils gènent la fabrication et qu'ils spéculent à son
détriment.

Je me propose, Monsieur, dans mon prochain voyage d'Alsace
d'avoir l'honneur de vous présenter cette supplique (*sic*) avec
plus d'étendue, en vous assurant du respectueux dévoûment
avec lequel je suis, Monsieur, votre très humble et très obéis-
sant serviteur,

Caron de Beaumarchais[1].

Les papeteries des Vosges, qui comprenaient à la même
époque 27 cuves, devaient produire pour plus de 200.000 livres
de papier. Selon Durival[2], près de 600 ouvriers étaient occupés à la fabrication[3]. Mais il faut sans doute, dans ce nombre,
compter tout le personnel accessoire, les femmes et les enfants,
chargés du triage des chiffons, de la révision des papiers, du
comptage, de la mise en rames. Ce chiffre tendrait à admettre
que les trois moulins d'Arches et d'Archettes employaient une
centaine de personnes, peu avant Beaumarchais. Si nous n'avons
pu trouver de renseignements exacts sur la composition de ce
personnel, nous pouvons nous rendre compte de celle d'un
moulin ne possédant qu'une cuve, à Étival, dans la même
région. Il est vrai qu'on n'y fabriquait que des papiers communs, ce qui réduisait le nombre des ouvriers aux fonctions
essentielles de la fabrication. Nous ne saurions mieux faire que
de reproduire deux tableaux dressés, à dix ans de distance, en
vue du recrutement militaire, en 1775 et 1785.

---

1. *Arch. des Vosges*, série C.

2. Description de la Lorraine, 1778.

3. Le rapport du préfet des Vosges, déjà cité, disait, en 1812, comme observations générales : « Il existe dans les Vosges 16 papeteries, qui entretiennent
42 cuves et exigent un mouvement de fonds de près de 800.000 francs. Elles employaient, en 1789, 333 ouvriers et fabriquaient 924.000 métriques de papiers destinés en majorité à l'impression. En 1810, elles occupent 566 ouvriers... ce genre
d'industrie languit aujourd'hui. Depuis 1810, le nombre des cuves a diminué.
Dans cette espèce d'usines, *on distingue celles d'Archettes* qui fabriquent le beau
papier de la *Commission d'Egypte* et celles de Docelles, notamment celle dite de
Vraichamp, appartenant au Sieur Gamba, qui entretient toujours 10 cuves, et
qui se soutient principalement dans l'entreprise du papier du timbre... ».

SUBDÉLÉGATION DE SAINT-DIEZ	ÉTAT DES DIRECTEURS, COMMIS ET OUVRIERS EMPLOYÉS DANS LA PAPETERIE D'ÉTIVAL EN 1775					
NOMS des officiers et employés.	AGE des employés	MARIÉS ou garçons.	ANNÉES d'emploi dans la papeterie.	QUALITÉS ou positions des employés.	Autre travail, fonctions ou occupations des employés.	DEGRÉ d'utilité des employés.
Nicolas Husson, père et chef de la papeterie.	45 ans	Marié.	21 ans.	Directeur de l'usine.	Aucuns.	Les enfants du papetier sont les seuls employés et sont tellement utiles que sans eux l'usine doit nécessairement chaumer (*sic*).
Nicolas Husson, fils, premier employé.	20 ans.	Garçon.	4 ans.	Pour tenir les cuves.	»	
Jean-François Husson, fils, second employé.	16 ans.	id.	2 ans.	Pour l'accouchoir.	»	
MÊME ÉTAT EN 1785						
Charles Marette.	48 ans.	Marié.	Depuis 1780.	Gouverneur.	»	A exempter en raison de son âge et de son cas d'homme marié.
Etienne Marette.	28 ans.	Garçon.	Depuis 1780.	Conducteur de la machine hollandaise.	»	A exempter comme aux tirages précédents.
Sourze Obruch.	44 ans.	Marié.	Depuis 1784.	Ouvrier de cuve.	·	A exempter en raison de son âge et de son cas d'homme marié.
Joseph Rigodon.	22 ans.	Garçon.	Depuis 1784.	id.	»	A assujettir au tirage vu qu'il n'est dans l'usine que depuis un an.
La 3ᵉ place de cuve est occupée par une fille par faute d'ouvrier pour compléter les 3 places à la dite cuve.						

La production du papier était essentiellement variable selon
la grandeur de la feuille et sa qualité ; on comptait une rame,
par jour, pour le grand Aigle, qui pesait cent trente livres, et huit
ou dix rames pour les papiers ordinaires et de petit format.
Dans certaines régions, les ouvriers travaillaient aux pièces.

D'ailleurs, les usages, mieux que les règlements, avaient fixé
le nombre de feuilles qu'un ouvrier de cuve devait faire dans

sa journée [1]. Avant Beaumarchais, on fabriquait à Arches et à Archettes six rames de *carré* pesant dix-sept à dix-huit livres.

Le livre du *Mouvement de la papeterie d'Arches* de 1799 à 1800 est précieux à cet égard, car il nous fait pénétrer dans la vie journalière de la maison. Il nous montre comment se décomposait le travail d'une cuve pendant un mois.

AOUST 1799.		DEUXIÈME CUVE	
DATTES	RAMES	QUALITÉ	CHAUMAGE
Le 1er aoust.	8	Papier gris pour enveloppes.	
Le 2 —		On fait des cartons pour emballage.	
Le 3 —	5 1 2	Grand raisin de tapisserie Saxe.	On a lavé les draps.
Le 4 —			Jour de dimanche.
Le 5 —	8	id.	
Le 6 —			N'ont pas travaillé, l'un des ouvriers étant malade.
Le 7 —	8	id.	
Le 8 —	8	id.	
Le 9 —	6	id.	On a lavé les draps.
Le 10 —	8	id.	
Le 11 —			Jour de dimanche.
Le 12 —	7	id.	La cuve ayant coulé par le dessous et ayant été obligé de la vuider, pour la raccomoder.
Le 13 —	8	id.	
Le 14 —	6	id.	On a lavé les draps.
Le 15 —			Jour de fête.
Le 16 —	8	id.	
Le 17 —	8	id.	
Le 18 —			Jour de dimanche.
Le 19 —	8	id.	
Le 20 —	6	id.	On a lavé les draps.
Le 21 —	8	id.	
Le 22 —	8	id.	
Le 23 —	8	id.	
Le 24 —	6	id.	On a lavé les draps.
Le 25 —			Jour de dimanche.
Le 26 —	8	id.	
Le 27 —	8	id.	
Le 28 —	8	id.	
Le 29 —	6	id.	On a lavé les draps et la cuve.
Le 30 —	9	grand carré n° 2.	Ayant une rame de bon du jour précédent.
Le 31 —	10	id.	

8 rames de papier gris pour enveloppes.
154 rames 1/2 grand raisin de tapisserie Saxe.
19 rames grand carré n° 2.

1. Delalande, p. 55 et 103.

Il est difficile de trouver des chiffres précis pour les salaires
des ouvriers papetiers, car ils ont varié avec le temps, la production, la qualité du papier fabriqué. Nous devons à l'obli-
geance de M. Louis Morin, de Troyes, auteur d'une savante
Histoire corporative des artisans du livre, ainsi que de remar-
quables études sur les conditions du travail avant la Révolution, deux faits pleins d'intérêt pour la question qui nous
occupe. Bien que se rapportant aux papeteries de Troyes,
nous avons cru devoir les citer. En 1601, un ouvrier du nom
de Simon le Cornu louait ses services, pour six années, à
Jean Gonnault, marchand papetier, qui pouvait l'utiliser « en
ses autres affaires ». Il recevait quarante écus pour son salaire
de six ans de travail ! Le patron se chargeait de compléter son
instruction professionnelle et de lui fournir « hostel, liet, feu
et vivre de bouche tant en santé qu'en maladie ». Enfin, il était
stipulé qu'à l'expiration de ces six années, l'ouvrier ne pourrait porter ses services à un autre papetier sans la permission
de son patron, chez qui il était en apprentissage depuis deux ans
déjà.

Un compagnon cartonnier loue, en 1668, ses services à
Estienne Roy, libraire relieur « pour le service à faire carton
durant un an, à raison de quatre jours par semaine, lorsqu'il
sera bon de *faire ledit carton* moyennant 10 sols par jour travaillant ».

La législation si précise du xviiie siècle n'a pas tenté de
régler les salaires et nous ne connaissons aucun texte d'une
portée générale qui les ait fixés[1]. C'est que la main-d'œuvre
variait même d'une usine à l'autre. Ainsi, les compagnons
étaient payés beaucoup plus cher à Docelles qu'à Arches. Les
patrons eux-mêmes étaient cause de cette différence, car ils
occupaient les compagnons, en prenant sur leur temps de
fabrication, à cultiver leurs vergers, soigner leurs bestiaux, les
mener à la vaine-pâture de la communauté, ou à récolter les

---

1. M. Louis Morin a découvert que le conseil général de Troyes avait établi
le 14 octobre 1793 des *Tableaux de maximum du prix des journées d'ouvrier*.
Les salaires étaient supérieurs d'un tiers à ceux payés en 1790. Les ouvriers
travaillaient aux pièces : quatre ouvriers employés à fabriquer le papier *carré*
touchaient chacun 4 sols 6 deniers ; l'*écu* 4 sols ; la *couronne*, la *cloche* et le
ci-devant *bâton royal*, 3 sols 9 deniers. Les *sallerannes* recevaient 15 sols par
jour. Le triage des chiffons était payé à raison de 12 sols le pesant.

affouages, qui avaient été réglementés spécialement par Stanislas.

Delalande[1] a fait l'évaluation du produit annuel d'une papeterie ne possédant qu'une cuve. Ses chiffres ne sont évidemment qu'une moyenne. Il fixe à 120 livres le salaire du gouverneur et des compagnons de cuve, plus 12 sols par jour pour la nourriture. Mais il est probable que le *colleur* qui doit posséder une habileté spéciale, le gouverneur, dont la fonction est fort importante, puisqu'il est préposé à la surveillance générale des chiffons et des piles, étaient plus payés que les autres compagnons. Le rôle du gouverneur était comparable à celui du *sallerant*, chargé de tous les apprêts du papier, depuis l'instant où il quitte la *forme*. C'est d'ordinaire celui que se réserve le patron, quand il travaille lui-même au moulin.

Le salaire des femmes, qui lavent et préparent les chiffons, est évalué à 45 livres par an, plus 6 sols de nourriture journalière. Les *sallerantes*, qui travaillent sous la direction du *sallerant*, sont payées à proportion.

Ces chiffres doivent être mis en comparaison avec ceux qui nous sont donnés sur la papeterie de Sainte-Marie-aux-Mines, de la généralité de Lorraine, dans la subdélégation de Saint-Dié[2]. Dans la seconde moitié du xviiie siècle, certains patrons harcelés par la concurrence, particulièrement redoutable en Lorraine, recherchaient des ouvriers qui acceptassent des salaires infimes, pour pouvoir livrer des papiers à bon marché. Tandis que, dans les moulins qui ne font que de bons papiers, le colleur doit être payé 36 francs ; le gouverneur, 24 francs ; le plongeur, 24 francs ; le leveur, 20 francs par mois, les ouvriers auxquels on ne demande qu'un travail médiocre ne touchent guère que 12 à 13 francs. Au dire de Subito, les meilleurs ouvriers des moulins lorrains étaient allemands : ils excellaient dans le réglage des eaux. Le fabricant, « qui possède ce trésor, ne le connaît pas. Pour 10 sols de Lorraine par mois... il laisse aller cet homme, qui est cependant la cheville ouvrière de toute sa machine ». Beaumarchais aurait fait venir des ouvriers de Hollande.

---

1. Déjà cité.
2. *Archives des Vosges*, série C, 80

Nous avons vu qu'une partie au moins des ouvriers d'Arches et d'Archettes étaient logés dans les dépendances des usines. « Le plus grand nombre des ouvriers d'Arches, écrit Subito, en 1779, sont attachés à la Compagnie (les héritiers Cupers et Harnepon). Les grand avantages qu'on leur a abandonnés, leur part à la communauté peu peuplée de ce canton[1], leurs demeures qui sont agréables et vastes, tout les fixe, et il n'est pas de cette usine comme de bien d'autres dont les ouvriers partent sans regret. »

Si, dans certaines régions, les ouvriers travaillaient aux pièces, nous avons vu que les usages et certains règlements particuliers avaient fixé le nombre de feuilles qu'un ouvrier de cuve pouvait faire par jour. Sans limiter d'une façon absolue les heures de travail, l'arrêt de 1739 défend aux compagnons et ouvriers de commencer la journée avant trois heures du matin et de la terminer dans la matinée. Elle doit être interrompue par le repas de midi.

Delalande constate qu'en fait les ouvriers cessaient le travail vers deux ou trois heures de l'après-midi ; mais il reconnaît que dans les petits moulins isolés, où le patron travaillait lui-même, les journées étaient plus fortes. L'arrêt précité défend cependant aux patrons d'exiger des ouvriers des tâches extra-ordinaires appelées *avantages*. Les contraventions à ces diverses règles étaient punies d'amendes élevées au profit de l'hôpital le plus voisin. Le bien-être et la santé des ouvriers n'étaient pas les seules raisons d'être de la prescription royale. La fabrication exigeant de nombreux soins et une attention soutenue, il était indispensable que le travailleur ne s'y fatiguât pas trop longtemps. Les maîtres papetiers de la ville de Thiers, dans un mémoire adressé en 1806 au ministre des Manufactures et du Commerce[2], exposent que les ouvriers ont pris l'habitude de ne travailler que huit ou neuf heures par jour, qu'ils commencent leur travail dès deux heures du matin, afin de le terminer à midi. Les patrons se plaignent d'une telle habitude, qui les empêche d'exercer une surveillance efficace sur leurs ateliers. Les ouvriers passaient souvent le reste de la journée au caba-

---

1. Il s'agit sans doute du droit communal d'affouage.
2. *Arch. nationales*, F¹² 95.234.

ret « à imaginer de nouveaux usages » pour tracasser leurs
maîtres.

L'arrêt de 1739 avait réglé l'apprentissage des ouvriers papetiers, qui ne pouvaient le commencer qu'à douze ans accomplis
et qui devait durer pendant quatre ans. Le *brevet* d'apprentissage était passé devant notaires, entre le patron et l'apprenti,
au commencement de cette période. Pendant ce temps, l'apprenti devait demeurer chez son maître et le servir fidèlement.
S'il le quittait avant la fin de l'apprentissage, il perdait tout
droit de parvenir à la maîtrise et le brevet était annulé. L'apprentissage terminé, l'ouvrier devait passer quatre ans comme
compagnon. C'est seulement après ce délai, c'est-à-dire à l'âge
de vingt ans, au plus tôt, que le compagnon pouvait prétendre
à la maîtrise, en exécutant un chef-d'œuvre de son art et en
répondant à des interrogations sur les diverses *sortes* de papiers,
en présence des gardes en exercice de la communauté et des
maîtres fabricants. Si le compagnon sortait victorieux de ces
diverses épreuves, il était admis à prêter serment devant les
juges des manufactures. Les fils des maîtres étaient dispensés
du chef-d'œuvre et soumis seulement à des interrogations sur
la fabrication et les types des papiers, mais ils étaient tenus de
faire le temps d'apprentissage et de compagnonnage imposé aux
autres ouvriers. Comme ceux-ci, ils devaient payer un droit de
maîtrise de 12 livres, qui semble fort peu élevé, en comparaison de celui imposé aux autres corps de métiers.

S'il existe peu de documents sur la corporation des papetiers,
nous verrons que les associations de compagnonnage étaient
solidement organisées, qu'elles demeurèrent longtemps vivaces
et qu'un esprit nettement caractérisé les anima sans cesse. Les
communautés supprimées par Turgot, en 1776, bien que réta-
blies après sa disgrâce, par des édits spéciaux, pour chaque
province, en 1779 pour la Lorraine, ne se reformèrent que très
imparfaitement. « En Lorraine, dit M. Martin Saint-Léon[1], les
officiers de police négligent de constater le nombre des agré-
gés et laissent exercer le commerce par le premier venu. »
M. Briquet prétend même que l'industrie papetière n'avait pas
de corps de métier, les moulins étant trop disséminés. En tout

---

1. *Histoire des corporations de métiers.*

cas, les associations ouvrières secrètes, qui dataient de fort loin, subsistèrent encore après la Révolution. Les patrons en ressentirent maintes fois et rudement l'action.

On est frappé de l'esprit général d'insubordination qui, de tout temps, sous l'ancien régime, a animé les ouvriers papetiers. Collaborant à la propagation de la pensée écrite, qui, pendant le xviii⁰ siècle, a été le grand agent destructeur de l'état de choses, jusque-là respecté, il semble que les ouvriers papetiers avaient conscience des bouleversements sociaux, qui allaient survenir et dont ils étaient les obscurs auxiliaires. Tous les documents, qui se rapportent à leur histoire, révèlent de nombreux faits, qui montrent l'opiniâtreté et la turbulence de leurs revendications. Elles se manifestent partout, qu'il s'agisse de la Lorraine, comme des grands centres de fabrication : le Dauphiné, l'Auvergne, l'Angoumois, le Limousin ou l'Ile-de-France. Cet esprit a permis à M. Germain Martin d'écrire cette phrase significative : que « dans la France entière, les ouvriers papetiers jouèrent au xviii⁰ siècle le rôle de grévistes forcenés »[1]. Les causes des conflits avec les patrons sont multiples. Ils surgissent à l'occasion des règlements sur le commerce, la vente, la circulation des chiffons ou des papiers ouvrés ; à l'occasion des droits qui les frappent et qui ont pour conséquence des variations brusques du salaire ou de la cessation partielle du travail. Dans la seconde moitié du xviii⁰ siècle, ils ont souvent pour cause l'installation des machines hollandaises qui, simplifiant la main-d'œuvre, entraînent le licenciement ou le chômage d'une partie du personnel. D'autres fois, ils sont dus à l'application des droits d'apprentissage ou des amendes disciplinaires. Corporation très fermée, les ouvriers papetiers entendent exclure des ateliers les compagnons qui ne font pas adhésion complète aux règles du compagnonnage. Il suffit même qu'un ouvrier, un apprenti ne soit pas lui-même fils d'ouvrier, ou qu'il soit étranger à la région pour se voir défendre l'entrée du moulin. Mais les conflits les plus fréquents, communs à toutes les industries et en quelque sorte traditionnels, sont ceux qui éclatent à propos du salaire, des heures de travail et de leur réglementa-

---

1. Germain Martin, *Les papeteries d'Annonay*, 1634-1790. *La Bibliographie moderne*, 1897, n° 3.

tion, des mesures d'autorité, que le patron entend appliquer dans ses ateliers. Les compagnons savaient à merveille se grouper, obéir à un mot d'ordre, transmis par correspondance ou par l'un d'eux, qui allait d'usine en usine pour décider ses camarades à se liguer contre tel ou tel patron. Les rapports de police, nombreux au xviiie siècle, laissent parfois entendre que les troubles sont suscités par l'Angleterre, la Suisse, l'Allemagne. Ces allégations ne sont cependant appuyées d'aucune preuve [1].

Les compagnons papetiers avaient un vocabulaire spécial, qui donnait un air mystérieux à leurs groupements. Le mémoire des maîtres papetiers de Thiers au ministre des manufactures, que nous avons cité, montre l'orgueil assez puéril des compagnons de cette région qui se seraient cru humiliés en demandant simplement du travail à un patron. Ils avaient adopté une expression, qui sauvait leur amour-propre ! Ils disaient « aller lever sa rente », ce qui signifiait aller faire une journée d'atelier.

Ils avaient rédigé des « lois de métier » à leur usage, auxquelles ils devaient obéir, sous peine d'être mis à l'index ou de se voir appliquer des amendes, souvent fort lourdes. Malheur à celui qui voulait garder son indépendance et travailler à son gré. Il est en effet remarquable que les compagnons se montraient aussi durs pour leurs camarades que pour les patrons. Et les conflits surgissaient souvent à propos d'un ouvrier qui refusait d'obéir au mot d'ordre. Des usages très anciens obligeaient les apprentis ou les compagnons nouveaux venus à payer des *rentes, dinages, hébergements, bienvenus, passades, droits de province*, etc. [2]. Le règlement de 1739 avait dû faire défense aux compagnons de s'opposer à ce que les patrons employassent à telle ou telle fonction dans l'atelier ceux de leurs ouvriers qu'ils estimaient y être le plus aptes [3]. Mais le plus redoutable danger qui menaçait le patron était de voir son usine mise en quarantaine, *damnation* ou *bannissement*. Lorsque

1. M. Louis Morin a réuni un grand nombre de faits qui montrent la violence des coalitions ouvrières dans la région de Troyes, *Arch. de l'Aube, c.* 1942, corresp. officielle. *Journal du départ. de l'Aube*, 3 août 1785.

2. M. Briquet. M. Louis Duval, *Papeteries et imprimeries du département de la Creuse : Mémoires de la Société des sciences naturelles et archéologiques de la Creuse* (2e série, t. VI).

3. Règlement de 1737, art. 49. — Les lois des 23 nivôse an II et 16 fructidor an IV tentèrent également de réglementer les conditions du travail.

les compagnons en avaient décidé ainsi, il n'avait plus qu'une ressource : payer l'amende fixée par les ouvriers, afin de lever l'interdit, car la suspension du travail, même partielle, pouvait avoir des conséquences onéreuses pour lui. Le temps de macération de la pâte était déterminé et tout retard dans son emploi risquait de la faire fermenter et de gâter la matière. D'autre part, comme le travail était soigneusement divisé, une cuve en activité avait besoin de trois ouvriers ; il suffisait que l'un d'eux refusât de travailler pour que toute la fabrication fût interrompue. Les patrons de Thiers estimaient en 1806 que, dans un moulin de quatre cuves, les amendes et autres taxes arbitraires, le chômage résultant des grèves se traduisaient par une perte de cent journées de travail et que l'industrie nationale éprouvait de ce chef une perte considérable. Les maîtres se plaignaient de ce que les gardes-jurés et les inspecteurs n'exerçaient qu'un contrôle insuffisant. D'après eux, la Révolution avait eu pour résultat de faciliter l'esprit d'insubordination, si profondément enraciné chez les ouvriers papetiers[1]. D'après M. Briquet, ce fut seulement vers 1820, quand l'industrie du papier, jusqu'alors manuelle, devint généralement mécanique, que disparurent les dernières traces des associations ouvrières[2].

Les Lorrains avaient cependant le caractère trop paisible pour montrer un tel esprit de rébellion. Les papeteries, bien que nombreuses, étaient d'ailleurs moins considérables que celles de certaines autres provinces. Nous avons vu qu'à la fin de l'ancien régime, le pays qui devait former le département des Vosges comptait seize papeteries, dont celles d'Arches, Archettes et Dinozé étaient les plus importantes. Les autres

1. Les plaintes des maîtres papetiers de Thiers se renouvelèrent en 1812 (Lettre au préfet du Puy-de-Dôme). *Arch. nat.*, F¹² 95.439.

2. En 1769, les ouvriers papetiers de Voiron et de Rives s'étaient mutinés contre leurs patrons. Les frères Montgolfier se plaignirent au contrôleur général : « Rien de plus révoltant, disaient-ils, que le tyrannique empire que l'ouvrier exerce envers son maître : rien de plus débauché, de plus insolent que cette engeance, rien en même temps qui mérite autant l'attention du conseil que la réformation de la conduite de ces séditieux qui sont tous ou presque tous de mauvais garçons que l'Auvergne a vomis de son sein, soit à cause de leur intempérance, soit à cause de leur peu d'aptitude au travail ». Les ouvriers des Montgolfier étaient nourris par leurs patrons. Ayant constaté que la boisson était la principale cause de l'agitation ouvrière, ils « s'efforcèrent de les soumettre à un régime de nourriture, dans lequel l'abus du vin pur était exclu ». V. Germain Martin.

occupaient chacune peu d'ouvriers et le patron ou le gérant travaillait lui-même avec eux, ce qui adoucissait singulièrement les rapports entre employeurs et employés.

Subito est muet sur l'état d'esprit des compagnons lorrains, et nous n'avons pu relever aucun fait de grève proprement dite. Mais certains patrons, jaloux de leurs confrères, essayaient de débaucher leurs ouvriers, pour se les attacher et mettre à profit l'expérience que ceux-ci avaient pu acquérir dans un moulin mieux aménagé que le leur et où se fabriquait le plus beau papier. C'est ce qui arriva à deux reprises différentes à Nicolas Krantz :

Le règlement de 1739 avait fixé les conditions dans lesquelles un ouvrier pouvait quitter son maître.

Il fallait un préavis de six semaines et un congé écrit (art. 48). Le maître papetier de Vraichamp dut porter plainte à l'Intendant de Lorraine, qui lui donna gain de cause.

Un de ses ouvriers, nommé Claude Dausonne, avait été reçu chez le patron de la papeterie du grand May, Jean Vidil de Faugère. Une ordonnance de l'Intendant, en date du 2 février 1785, condamna Faugère « en 300 livres et ledit Dausonne en 100 livres, au cours du royaume, d'amende, applicables, moitié au profit de sa Majesté, moitié au profit dudit sieur Krantz ». Pour l'autre infraction au règlement de 1739, nous laissons la parole à l'ami de Beaumarchais lui-même, qui expose fort habilement ses griefs à l'Intendant :

« Supplie humblement Nicolas Krantz[1] propriétaire des papeteries de Vraichamp et d'Ocelle.

« Disant qu'il est d'un usage constant dans les papeteries de cette province de ne pouvoir débaucher aucun des ouvriers qui y travaillent, sans quoi le découragement s'ensuivrait et causerait infailliblement la perte des usines, où une pareille manœuvre serait soufferte.

« Pour y remédier, on a réglé qu'aucun ouvrier ne pourrait quitter l'usine dans laquelle il a été reçu pour travailler, qu'au préalable, il n'ait obtenu un congé du maître papetier. Cette règle a été si sagement établie qu'elle a été confirmée par l'article 48 du règlement du 27 janvier 1739 et même suivie et exé-

---

1. *Archives des Vosges.* C. 15.

cutée par arrêt du Conseil d'État du Roy, rendu le 26 février 1777[1] contre Gognasse-Desjardins, propriétaire de la fabrique des papiers de la Motte près Verberie, qui a été condamné à 300 francs d'amende, payable par corps, pour avoir reçu et donné du travail à divers ouvriers de Courtalin sans congé par écrit de leur dernier maître ou du juge des lieux. Cependant, c'est au mépris de ces mêmes règlement et arrêt que Dominique Vaudrinot[2], boulanger à Sainte-Marie-aux-Mines et maître de la papeterie y située, a écrit et fait écrire plusieurs fois au nommé Ignace, papetier, qui occuppait trois places chez le suppliant, à l'effet de l'engager à quitter celui-cy, pour aller travailler chès lui Vaudrinot[2], ce qui a eu lieu, et ledit Ignace, ayant quitté, il y a environ un mois, les trois places qu'il occuppait chès le suppliant, a été reçu par le même Vaudrinot sans aucun congé, malgré que cette marche soit expressément contraire auxdits règlement et arrêt... Ce considéré, Monseigneur, il plaise à Votre Grandeur, vu l'exposé ci-dessus, ensemble les règlement et arrêt du 27 janvier 1739 et 26 février 1777, ordonner qu'ils auront pleine et entière exécution contre le dit Vaudrinot, qui sera tenu en conséquence, de ne plus se servir dudit Ignace, comme l'ayant débauché contrairement à l'usage et aux lois, et pour l'avoir fait, le condamner à l'amende prononcée à ce sujet, et en mille livres de dommages et intérêts envers le suppliant, pour cause du chômage considérable qu'il éprouve à raison de la désertion des trois places qu'occupait ledit Ignace, son ancien ouvrier, dans ses usines ; ce faisant, Votre Grandeur maintiendra le bon ordre, la paix et l'union qui doivent régner dans lesdites usines, et animer aussi les fabricants et le commerce. »

1. Cet arrêt est rapporté par Desmaret, p. 93.
2. Il s'agit de Voltrinot, qui passa traité avec le représentant de Beaumarchais pour la fourniture de 4.800 rames.

CHAPITRE II

**Maintien des traditions chez les ouvriers. — Le personnel actuel.
Les institutions de prévoyance.**

Pour terminer cette étude nous voudrions, reliant le passé au
présent, signaler les conditions actuelles du travail et les progrès accomplis à la papeterie d'Arches. Il est probable qu'à
aucune époque de son histoire, elles n'ont été plus favorables
qu'aujourd'hui.

La fête du quatrième centenaire de la maison, à laquelle nous
avons assisté, il y a quelques années, nous a montré un personnel aussi habile dans son métier qu'attaché à son usine.
Plus de cinquante ouvriers et ouvrières comptent de trente-cinq
à soixante années de service dans la maison et sont titulaires
de la médaille du ministère du Commerce.

Dans une notice sur sa maison, publiée en 1900, pour l'Expo-
sition universelle, M. Perrigot disait : « La papeterie d'Arches
est fière de la liste de ses vétérans, comme de ses archives
et de ses récompenses. Les ouvriers papetiers d'Arches sont
d'ailleurs les archives vivantes de l'usine, car ces véritables
artisans sont papetiers de génération en génération et on
retrouve sur les livres de main-d'œuvre du siècle dernier les
noms mêmes des familles qui sont là aujourd'hui. »

Des institutions de prévoyance ont été créées à l'usine pour
améliorer le régime matériel et moral des ouvriers.

Elles concernent le logement, la durée du travail des femmes,
la garde des enfants, les retraites, les indemnités et soins en cas
de maladie, l'épargne, un essai de participation aux bénéfices,
une société de consommation.

Nous avons vu que, dans l'industrie papetière, il était d'usage
que les ouvriers fussent logés. Il en fut ainsi à Arches jusqu'en

1892. A cette époque, plusieurs ouvriers, propriétaires de la maison qu'ils habitaient, demandèrent une indemnité de logement. D'autre part, certains logements de l'usine, plus avantageux que d'autres, étaient la cause de jalousies parmi les ouvriers. Le patron construisit quatre-vingt-dix logements neufs. Anciens et nouveaux, ils furent loués à des prix variant selon leur commodité et leur importance, et représentant à peine le tiers du prix des loyers correspondants dans le village. Les ouvriers, qui ont des charges de famille, bénéficient de réductions de loyer, pouvant aller jusqu'à la gratuité absolue.

Le travail des filles est de neuf heures ; celui des femmes mariées de sept heures seulement. Ainsi, les mères de famille quittent l'usine une heure avant leur mari, afin de préparer le repas et vaquer aux soins du ménage.

Une garderie, pour les enfants en bas âge, et une école enfantine ont été établies dans les dépendances de l'usine ; les mères les y conduisent en se rendant au travail et les reprennent à leur sortie.

Les ouvriers, ayant trente ans de service dans la maison et ne travaillant plus, continuent à être logés et reçoivent une petite pension. Pendant les périodes d'instruction militaire, les ouvriers touchent une indemnité proportionnelle au nombre de leurs enfants, les contremaîtres et employés reçoivent leur traitement intégral.

Les soins médicaux et les produits pharmaceutiques sont donnés gratuitement ; un dispensaire et une pharmacie gérés par une infirmière, sont installés dans l'usine. En cas de maladie, les ouvriers reçoivent 1 franc par jour, sans qu'il soit fait sur leur salaire aucune retenue pour cet objet.

Une caisse d'épargne a été créée à l'usine ; elle est alimentée par les versements volontaires et sert un intérêt de 4 p. 100 aux déposants.

La participation aux bénéfices, qui fonctionne actuellement en faveur des contremaîtres, doit être étendue aux ouvriers. Elle est constituée par des actions de participation, dont le produit est établi sur le bénéfice net. La répartition se fait annuellement. « Chaque bénéficiaire est libre de toucher sa participation en espèces, ou de la verser à un compte de dépôt personnel, dans la caisse de l'usine. » Si le bénéficiaire adopte le dernier parti, le patron verse à son compte, sous le nom de Prime d'Épargne « une somme égale à 10 p. 100 de la somme ainsi laissée en compte courant, lorsqu'elle est inférieure à 250 francs ; sur la partie qui excède 250 francs, la Prime d'Epargne est de 5 p. 100 »[1]. Les sommes ainsi déposées produisent, comme la caisse d'Epargne des ouvriers, un intérêt de 4 p. 100.

Enfin, la plus intéressante institution de la fabrique d'Arches, commune d'ailleurs à deux autres établissements de la localité, est une Société anonyme de consommation, fondée en 1900 par M. Perrigot. Son but est de fournir aux associés et au public des denrées alimentaires, y compris le pain et la viande, et tous les objets nécessaires au ménage. Les statuts ont été rédigés dans le sens le plus démocratique. Son capital est de 20.000 francs, divisés en 800 actions de 25 francs. Le premier exercice a permis de distribuer, en espèces, un dividende de 17 fr. 26 p. 100, tout en attribuant 20 p. 100 à la réserve.

Les ouvriers seuls peuvent être actionnaires, et pour éviter l'accaparement des actions par quelques-uns, il est spécifié qu'un ménage ne peut à aucun titre être possesseur de plus de 6 actions.

Aucun lien n'existe entre la coopérative et l'usine ; aucune retenue ne peut être faite sur le salaire au bénéfice de la Société. Chaque ouvrier touche son salaire intégralement et doit, dans les quatre jours qui suivent la paie, faire acquitter son compte à la coopérative.

En cas de retard il reçoit un avertissement et si le mois suivant il ne s'est pas libéré, son nom est affiché dans les locaux de la Société. Ce système de confiance dans la probité des ouvriers n'a donné aucun mécompte, puisque depuis dix ans les ventes ont atteint une moyenne annuelle de 200.000 francs sans que la Société ait eu à enregistrer une seule perte.

Tels sont les résultats déjà obtenus, grâce à une sage notion, chez le patron et son personnel, de la solidarité de leurs intérêts. Ils sont la meilleure preuve de la vitalité quatre fois séculaire des Papeteries d'Arches.

---

1. Règlement de la participation aux bénéfices.

TABLE DES MATIÈRES

CHAPITRE II

ÉVREUX, IMPRIMERIE CH. HÉRISSEY, PAUL HÉRISSEY, SUCC*.